La minceur **gourmande**

260 recettes pour mincir en toutes occasions

© Weight Watchers International, Inc. 2000
© Robert Laffont, Paris, 2000

Weight Watchers

La minceur
gourmande

260 recettes pour mincir en toutes occasions

Préface du docteur Francine Duret-Gossart

ROBERT LAFFONT

Sommaire

Recettes rapides

Brunch, petit déjeuner, cocktail, buffet

Petits pains au chèvre	18
Brioches aux fruits exotiques	18

Entrée

Pizza tomate-mozzarella	20
Gambas sautées au piment d'Espelette	20
Salade de papaye verte	22
Soupe de pois cassés et orge perlé	22
Champignons farcis au chèvre frais	23
Salade de raie sauce citronnette	24
Tartare de bar au gingembre	24
Crème de chou-fleur aux coques	25
Salade de chou à l'orange	26
Rollmops à la pomme verte et au raifort	26
Croustillants aux foies de volaille	28

Viande

Grenadins de veau au concombre	29
Aiguillettes de canard au genièvre	29
Brochettes de dinde tandoori	30
Saltimbocca de veau à la sauge	32

Poisson

Bouillabaisse express	32
Filets de limande sauce verte	33
Escalopines de thon minute - tapenade	34
Tagliatelles terre et mer	34

Plat complet

Salade de blé aux haricots	36
Œufs brouillés aux lentilles	36
Curry de pommes de terre	38
Pilpil aux lentilles	38

Accompagnement

Effilochée d'endives	39
Poêlée de blettes à l'ail	39
Symphonie d'automne	40
Mariage à l'italienne	40
Salade d'épinards	41

Dessert

Carpaccio de melon	42
Sorbet minute	42
Yaourt glacé à la menthe	42
Salade d'oranges à la cannelle	44
Compote meringuée	44
Minestrone de fruits exotiques	45
Taboulé aux fruits	45
Bananes flambées au citron vert	46

Recettes pour une personne

Brunch, petit déjeuner, cocktail, buffet

Canapés à la crème de noix	50
Crème de rhubarbe au kiwi	50
Compote de figues	51
Pamplemousse farci	51
Les trois « C »	52

Douceur des îles	52
Tropical	54

Entrée

Soufflé au fromage	54
Terrine de fromage aux poivrons	55
Œuf en gelée aux herbes	56
Minute de Saint-Jacques au fenouil	58
Pamplemousse surprise	58
Carpaccio de fenouil	60
Tartare de cabillaud	61
Caviar d'aubergines	61

Viande

Courgettes farcies	62
Brochette d'agneau aux poivrons	63
Blancs de dinde aux asperges	63
Boulettes de lapin	64
Lasagnes farcies au poulet	66

Poisson

Bar en papillote au fenouil	66
Filet d'empereur au pamplemousse	67
Colin aux herbes	68
Choucroute au haddock	68
Blanquette de saumonette	69
Dorade aux épinards	70
Lieu en papillote	71
Parmentier de cabillaud	71
Sole meunière au curry	72

Œuf et tofu

Artichauts aux œufs pochés	74
Tomates farcies au tofu	74

Accompagnement

Céleri au cottage cheese	75
Semoule aux légumes	76
Flageolets aux tomates	76
Orge aux champignons sauvages	78
Pilaf de blé	80
Risotto d'epeautre	80
Pommes de terre au beurre de noisettes	82
Galettes de polenta aux tomates	82

Dessert

Pamplemousse rôti	83
Papillote d'ananas à la vanille	83
Poire au caramel	84
Flan aux pommes	84
Salade de semoule aux fruits	85
Dessert à la rhubarbe	86
Crumble aux fruits rouges	86
Pomme au pain d'épice	88
Pomme farcie	88

Recettes végétariennes

Brunch, petit déjeuner, cocktail, buffet

Amuse-bouche du jardinier	92
Petit déjeuner douceur	94
Golden tea	96
Lily rose	97
Cocktail méridien sud	97
Tijuca	98

Entrée

Mâchon de légumes	100
Soupe au tapioca express	100
Tartare de légumes	101
Puits de concombre au tofu	102
Avocats à l'orientale	102
Salade toscane	103
Salade au pain perdu	104
Soleil levant	106
La Berguinoise	107

Œuf et tofu

Poêlée au tofu	108
Quenelles de tofu aux fines herbes	109
Terrine de légumes au gratin	110
Mikado de courgettes	110
Omelette de printemps	111
Soupe farandole	112

Plat complet

Oignons farcis	114
Farcis de légumes à la polenta	115
La rosace	116
Omelette aux lentilles	116
Gratin exotique	117
Polenta de la Saint-Valentin	118
Papardelles aux pignons	118
Pilaf de pilpil et de lentilles	120

Accompagnement

Black and white au vert	121
Chips de légumes fourrés	122
Blé à la confiture d'oignons	124
Mijotée de blé aux légumes	124
Pot-au-feu de légumes	125
Gratin de potiron	126
Céleri en coque	127
Gratin de pommes fruits et de céleri-rave	128
Croque-mitoufle	128
Verts paquets	130
Fleur de galette au paprika	132

Dessert

Poires Azer	132
Bananes farcies créoles	133
Mille-feuille de fruits	134
Riz mon chéri	134
Râpée de pommes aux épices	135
Carnaval en douceurs	136
Mangajean glacé	136
Tout en rouge	138
Papillotes de poires aux mendiants	139

Recettes du monde

Brunch, petit déjeuner, cocktail, buffet

Breakfast salé-sucré	142
Délice mangue-banane	142
Frittatas	144
Tortillas au guacamole et à la viande	145
Nectar ananas-coco	148
Nectar mangue-coco	148

Entrée

Aumônières de saumon fumé	149
Tortilla aux oignons	149

Rouleaux de printemps	150
Salade thaï au porc et au gingembre	151
Salade de moules à l'orange	152
Raïta aux tomates et concombre	152
Salade aztèque	154
Raïta d'aubergine	155
Œufs à la bulgare	155

Viande

Boulettes orientales	156
Pain de viande à la betterave	157
Poulet tandoori	158
Lamelles aux poivrons	158
Poêlée de canard aux ciboules	159
Rôti de porc laqué au miel	160
Steak haché à la hongroise	160
Fondue chinoise	162

Poisson

Curry de thon au lait de coco	163
Colombo de thon	164
Morue aux olives	164
Sole à l'orange	166
Langoustines flambées à la vanille	167
Haddock poché aux pommes de terre	167

Accompagnement

Yorkshire pudding	168

Plat complet

Croque à la polenta	169
Ananas farcis	170
Tajine de légumes farcis	172
Pâtes printanières (pasta primavera)	174
Riz cantonais	176

Dessert

Salade d'oranges aux noix	177
Coupes meringuées aux myrtilles	177
Tiramisù aux fruits	178
Fraîcheur exotique	179

Recettes régionales

Brunch, petit déjeuner, cocktail, buffet

Le verre du vigneron	182
Le « pinton » du Cotentin	182
Cocktail « cadre noir »	184
Cocktail du fort Vauban	184

Entrée

Cervelle de canut	185
« Matefaim » aux herbes du jardin	185
Tian d'aubergine comme à Apt	186
Les asperges du prieuré	187
Œufs en meurette	188
Coques du Mont-Saint-Michel	190
Moules à la bière	190
Champignons farcis aux rillettes de la Sarthe	191
Flamiche ou « flamique » aux endives	192
Cassolettes de grenouilles printanières	194
Pétoncles comme à La Rochelle	195

Viande

Estouffade de bœuf aux olives	196
Noisettes d'agneau de pré-salé	197
Lapin en saupiquet	198
Lapin de la ferme aux cardons	200
Andouillettes à la moutarde de Dijon	201
Escalopes de veau normandes	202
Casserole de poulet au riesling et aux girolles	203
Cailles à la fondue de poireaux	204
Géline au blanc comme à Tours	206
Poulette de Bresse à la vapeur	207
Poulet basquaise	208
Le bouilli « el bouli » ou hochepot	210

Poisson

Chipirons in su tinta	211
Truite du lac à l'ancienne en cocotte	212
Papillote de sandre de Loire à l'oseille	213
Congre farci à la piriacaise	214
Chaudrée de l'île de Ré	216

Dessert

Gâteau de Savoie, comme au chalet	218
Les bugnes lyonnaises	219
Tarte aux pralines	220
Bourdelots du bocage	220
Poires à la dijonnaise	221
Tarte niçoise au citron	222
Gâteau mollet des Ardennes	222
Pets-de-nonne de Baume-les-Dames	224
La soupe des mariages aux cerises	225
Gratin de poires aux cassis	226
Melons à la crème de framboises	228
Galettes de sarrasin aux pommes	230
Poires belle Angevine, crème anglaise	231

Recettes de réception

Brunch, petit déjeuner, cocktail, buffet

Kir briard	234
Kéfir à la menthe	234

Entrée

Terrine de lapin aux herbes	236
Terrine de foies de volaille	236
Ratatouille glacée au basilic	237
Salade de choucroute aux langoustines	237
Coquilles de moules gratinées	238
Aspics de saumon fumé	240
Brouillade aux œufs de saumon	240
Salade mélangée aux oignons rouges	241

Barquettes d'endives aux pétoncles	242
Carpaccio de saumon et papaye	242

Viande

Gigot d'agneau farci à la menthe	244
Filets de dinde sautés aux amandes	245
Poulet aux morilles	246
Rôti de veau roulé au jambon de Parme	246
Backehöffe alsacien	247
Suprêmes de pintade aux morilles	248

Poisson

Saumon parmentière	248
Saumon froid à la mayonnaise verte minceur	250
Turbot grillé - crème au citron	251
Homard au whisky	252
Accras de morue légers	252
Calamars farcis aux poivrons et au riz	254

Plat complet

Risotto à la tomate et au parmesan	255
Taboulé surprise	255
Galettes de pommes de terre au surimi	256

Accompagnement

Tatin d'échalote	258
Navets glacés à la cassonade	259
Purée d'artichauts à la ciboulette	259
Risotto à la truffe	260
Gratin du soleil	260

Dessert

Granité de melon	261
Mousse au café	262
Coquilles aux abricots rôtis	262
Flan à la mangue	264
Mousse au citron vert	266
Soupe de cerises à la menthe	266
Soufflé glacé à l'ananas	267
Chaud-froid de mangues à la cannelle	268
Profiteroles sauce Melba	270

Préface

Un livre de recettes, c'est une invitation au plaisir, plaisir de lire, plaisir de cuisiner et surtout plaisir de partager un bon repas.

Un livre de recettes Weight Watchers se donne aussi pour objectif de respecter la santé et l'équilibre alimentaire des convives. N'est-ce pas *a priori* mettre un bémol au plaisir et perdre la dimension de gourmandise ?

La simple lecture du sommaire vous rassurera pleinement : la palette des mets est large et variée. Quelles que soient vos affinités culinaires, traditionnelles ou exotiques, le nombre de convives, le temps à consacrer à la préparation, vous y trouverez votre compte. Vos papilles de gourmet auront de quoi se satisfaire.

Ne pas vouloir grossir ne me paraît pas sujet à discussion. En revanche, vouloir maigrir n'est pas aussi simple qu'il y paraît et le poids perdu est, il faut bien le reconnaître, souvent difficile à maintenir sur le long terme.

Il est donc bien utile de ne pas se lancer dans une course à la minceur sans prendre quelques précautions. Prenez le temps de lire ces quelques conseils avant de vous engager dans un tel parcours et ainsi assurer votre succès.

Quel que soit votre choix, ce livre est de toute façon un compagnon de route aussi utile qu'agréable.

■ De bonnes raisons pour maigrir

Pour pouvoir perdre du poids, vérifiez que la surcharge pondérale est bien réelle

Avant de commencer un régime, il est préférable de s'assurer que la demande d'amaigrissement est légitime. L'indice de corpulence ou Indice de Masse Corporelle (I.M.C.) est la référence médicale. L'I.M.C. est égal au poids du sujet divisé par la taille au carré : poids / taille$\approx$.

Pour un I.M.C. entre 18 et 25, le poids est normal. En dessous de 18, le sujet est trop maigre et met en danger sa santé. Au-dessus de 25 jusqu'à 30, il y a surcharge pondérale, mais l'amaigrissement n'est recommandé que si des troubles médicaux y sont associés. Un I.M.C. au-dessus de 30 signe l'obésité et pose le problème de l'amaigrissement sans ambiguïté.

***L'amaigrissement apporte de réels bénéfices
sur le plan physique, médical ou psychologique***

Bénéfice médical :

La perte de poids est souhaitable lorsqu'à l'excès pondéral sont associés des troubles métaboliques ou physiques : hypertension, diabète, cholestérol, arthrose, douleurs lombaires, difficultés respiratoires…

Les études scientifiques ont montré qu'il suffisait en général de perdre seulement 10 % de son poids, mais aussi de maintenir cette perte de poids, pour améliorer sa santé. Rien ne sert de faire des exploits en maigrissant vite pour normaliser un cholestérol ou un diabète ponctuellement, et ainsi se donner bonne conscience lors du contrôle en laboratoire, puis de relâcher toute vigilance.

Bénéfice psychologique :

Ne pas avoir de réel excès de poids mais se sentir mal dans sa peau ? Subir une pression sociale ? Familiale ? Avoir du mal à trouver des vêtements sympas dès que la taille dépasse le 44 ?

Les bénéfices escomptés sont plus difficiles à repérer, et il faut vraiment jouer le jeu du « pour » et du « contre ».

Le corps que l'on a, c'est aussi le corps que l'on est : il s'y lit notre histoire, nos joies, nos peines.

Prendre du poids est un excellent moyen d'adaptation au stress. Voici que les kilos jouent le rôle d'un « air bag ». Le ventre et l'estomac sont alors les lieux privilégiés des dépôts comme une protection.

Vouloir transformer son corps, c'est s'attaquer à beaucoup plus qu'à un simple changement de comportement alimentaire. Il faut l'accompagner d'une réflexion psychologique.

■ La notion de « poids d'équilibre physiologique »

Il est faux de penser que l'on puisse peser le poids que l'on veut. Un poids, même élevé, peut faire partie de notre histoire biologique. Quelle que soit notre façon de manger ou de vivre, ce poids est inscrit : c'est notre poids d'équilibre, poids que nous défendons par des mécanismes de régulation. Vouloir maigrir et atteindre un poids fixé arbitrairement en fonction de discours fantaisistes, de critères de mode, est le plus souvent voué à l'échec. « J'ai tout essayé… et rien ne marche », le problème n'est pas vraiment dans le choix des moyens utilisés mais bien dans l'erreur faite sur le but à atteindre.

■ À vouloir trop maigrir, on peut… grossir

Certaines personnes sont devenues obèses pour ne pas avoir su accepter leur poids d'équilibre physiologique, poids qu'elles considéraient comme inacceptable la première fois qu'elles ont suivi un régime, mais qu'elles seraient ravies de retrouver maintenant.

Il est préférable de se stabiliser à un poids raisonnable que d'être pris dans des oscillations permanentes de perte et de reprise de poids, cascade d'échecs qui favorise la mésestime de soi.

■ Quels moyens pour maigrir afin de répondre à un bon projet ?

Les règles d'un amaigrissement durable reposent sur la mise en place d'un mieux-être psychologique et physique. Il implique un changement de comportement sur le plan alimentaire, de manger plus en fonction de ses réels besoins, mais aussi un changement de la relation avec son corps, avec un travail sur le corps (individuel ou en groupe, à visée esthétique, relaxante ou plus active), en augmentant l'activité physique simple quotidienne (marche, montée des escaliers, etc.), voire en prenant la voie d'une activité sportive hebdomadaire ludique (natation, vélo, etc.).

Plus les nouveaux comportements seront adaptés à la personnalité, à la vie sociale, aux goûts et aux besoins de chacun, plus ils auront de chance de s'inscrire dans la durée.

■ Perdre du poids et rester mince avec Weight Watchers

Weight Watchers propose un nouveau programme pour aider celles et ceux qui veulent maigrir à changer leurs habitudes à partir de notions très simples : mangez moins de tout mais mieux, et bougez plus.

Il n'y a plus de bons ou mauvais aliments mais des aliments qui « coûtent » plus ou moins chers en points : mangez ceux que vous voulez, mais n'oubliez pas de faire les comptes.

Ce régime sans contraintes, ni interdits (on ne compte pas les calories, on ne pèse pas) permet de manger ce que l'on aime vraiment… mais en quantité raisonnable. Ces nouvelles habitudes alimentaires, mettez-les en place à votre rythme et selon vos préférences.

Le nombre de points à consommer par jour dépend de votre poids, de votre sexe et il peut varier selon votre activité physique et vos sorties. Le point est calculé en fonction de la valeur calorique et de la densité calorique de l'aliment.

La règle est d'adapter au mieux le nombre de points à consommer selon vos besoins en tant que faim mais aussi plaisir, et de choisir une vitesse d'amaigrissement raisonnable.

Les aliments riches en calories, qu'ils soient riches en graisses ou en sucres, sont plus « coûteux » : surtout, ne vous en passez pas. Inutile de se frustrer, apprenez simplement à en manger en plus petites quantités.

Apprenez aussi à gérer votre bourse ; vous pouvez faire des économies et vous offrir les aliments dits « tabous » sans culpabilité. Finis les « j'ai droit » ou bien « c'est interdit » ! Vous pouvez manger de tout : il suffit juste de savoir compter !

■ Les erreurs à ne pas commettre

Il ne faut pas tomber dans l'auto-prescription d'un régime triste, rigide, construit autour de l'exclusion des aliments plaisirs qui « coûtent » plus cher en nombre de points. Mieux vaut 1 yaourt nature que 2 yaourts à 0 %. La satisfaction sera plus grande sur le plan sensoriel.

Il est tellement plus agréable de déguster un aliment qui a du goût : un bon morceau de pain au levain cuit à l'ancienne aura toutes les chances de vous rassasier non seulement physiologiquement mais aussi psychiquement.

Se « remplir » d'aliments insipides ne procure aucun plaisir et ne fait pas obligatoirement maigrir. Mangez bon, mangez lentement, dégustez… et sachez ne plus finir votre assiette dès que vous êtes rassasié, voilà une des clés de la réussite !

■ Pour mettre toutes les chances de votre côté

Avant de vous imposer une restriction alimentaire, et un nombre de points, observez votre façon de manger, de faire les courses, d'être avec les autres, d'être à table… et observez aussi votre façon sans doute de ne pas bouger, d'être sédentaire.

Une petite analyse d'une semaine vous en dira beaucoup : il y a ceux qui prennent le temps de marcher, de manger quand ils ont faim, de ne pas finir leur assiette… et ceux qui vont toujours trop vite, qui mangent rapidement, se « remplissent », et n'ont jamais le temps…

La façon dont vous mangez est aussi importante que ce que vous avez dans votre assiette. Savoir reconnaître le moment où vous n'avez plus faim demande un peu d'attention, de calme : reprenez contact avec votre horloge interne, celle qui peut vous prévenir de vos réels besoins.

Pour maigrir, rien ne sert d'équilibrer l'assiette si la femme ou l'homme ne l'est pas. L'équilibre n'est pas uniquement dans le ratio lipides / protides / glucides, mais dans la tête et le corps.

■ En résumé

Dans nos pays occidentalisés, le risque de carences est faible dès que vous avez une alimentation diversifiée. L'équilibre est dans la tête avec la reconnaissance de ses besoins. Mettez-vous à l'écoute de vous-même avec quelques exercices de relaxation. Le plus sain, c'est de respirer pleinement, simplement.

En cours des repas, faites des pauses, divisez les bouchées par deux, supprimez la télévision pour mieux en profiter. Et savourez de bonnes recettes comme celles que vous découvrirez dans ce livre !

Pour maigrir, ayez un regard bienveillant sur vous-même : laissez de côté toute attitude masochiste, sachez aussi vous organiser afin de maintenir la convivialité et la gourmandise.

C'est en mangeant aux repas, à votre faim et des mets appétissants que vous éviterez les grignotages et que vous trouverez plus de plaisir.

Ne vous imposez pas un nombre de points trop faible pour la journée : vous risqueriez de vous mettre en échec. Repérez le nombre de points qui vous convient le mieux et qui vous fera maigrir raisonnablement sans trop de contraintes. En y ajoutant un peu d'activité physique, ce sera encore mieux.

Alors, à vos casseroles et bon appétit !

Docteur Francine DURET-GOSSART
Médecin Nutritionniste Conseil
de Weight Watchers

■ Nota Bene

Le décompte des recettes par points (P) est réservé aux adhérents Weight Watchers. Pour les autres personnes, l'important est de savoir qu'un plat « cuisiné Weight Watchers » permet d'économiser jusqu'à 50 % des calories habituelles.

Les temps de préparation et de cuisson, le degré de difficulté et le coût sont indiqués pour chaque recette. Les symboles utilisés sont les suivants :

- ●○○ : bon marché
- ●●○ : raisonnable
- ●●● : coûteux

- ●○○ : très facile
- ●●○ : facile
- ●●● : difficile

Vous désirez des conseils, vous souhaitez en savoir plus, vous avez besoin d'un soutien pour mincir, vous ne connaissez pas votre poids idéal, vous voulez avoir des informations supplémentaires sur notre nouveau programme « Minceur à Points », vous cherchez le centre Weight Watchers le plus proche de chez vous :

Téléphonez au :
0 803 05 03 01 (0,15 € la minute)
ou composez sur votre Minitel le :
3615 WW (0,20 € la minute)
ou consultez le site internet :
www.weightwatchers.com

Recettes **rapides**

Pour savourer vos repas avec plaisir même lorsque le temps vous manque cruellement, voici quelques recettes prêtes en un clin d'œil.

Recettes **rapides** _____ **brunch**

Petits pains au chèvre

Coût : ●○○
Difficulté : ●○○
Préparation : 10 min
Cuisson : 5 min

Pour 4 personnes
- 4 petits pains au lait (4 x 40 g)
- 1 petite poire bien mûre
- 15 g de noisettes
- 1 crottin de chèvre (60 g)
- 2 cc de raisins secs
- poivre

Par personne 6 P

- Allumer le gril du four.
- Couper les pains au lait en 2 dans le sens de la longueur. Tasser légèrement la mie à l'intérieur pour ménager un creux. Éplucher la poire, la couper en tranches fines et disposer les tranches sur les demi-pains.
- Concasser les noisettes. Dans une assiette, écraser le fromage à la fourchette, ajouter les raisins secs et les noisettes concassées. Poivrer.
- Répartir le fromage aux fruits secs sur les tranches de pain et les faire légèrement dorer pendant 5 minutes sous le gril. Servir chaud.

Brioches aux fruits exotiques

Coût : ●○○
Difficulté : ●○○
Préparation : 10 min
Réchauffage : 10 min

Pour 4 personnes
- 4 petites brioches individuelles (4 x 40 g)
- 1 kiwi
- 1/2 mangue
- 1 tranche d'ananas frais
- 100 g de fromage blanc à 0 %
- 2 CS d'édulcorant

Par personne 4 P

- Préchauffer le four à th. 3-4 (150 °C).
- Ôter la partie supérieure des brioches et ménager un creux à l'intérieur. Les faire tiédir au four pendant la préparation des fruits.
- Éplucher le kiwi, la mangue et l'ananas. Les couper en très petits dés. Dans un petit saladier, mélanger les fruits, le fromage blanc et l'édulcorant.

Recettes **rapides** — brunch

- Au moment de servir, sortir les brioches du four et les remplir de la préparation aux fruits. Déguster immédiatement.
- Les fruits peuvent être préparés la veille pour gagner du temps (les conserver au frais, dans un récipient hermétique).

Recettes **rapides** — entrée

Pizza tomate-mozzarella

Coût : ●○○
Difficulté : ●○○
Préparation : 10 min
Cuisson : 20 min

Par personne 9 P

Pour 4 personnes
- 1 boule de mozzarella (150 g)
- 1 fond de pâte feuilletée tout prêt de 240 g
- 1 boîte de tomates pelées
- 2 cc d'origan
- 1 bouquet de basilic
- sel, poivre

- Préchauffer le four à th. 6-7 (210 °C). Laisser la plaque à pâtisserie dans le four pour qu'elle chauffe.
- Couper la mozzarella en rondelles. Dérouler la pâte sur sa feuille sulfurisée. La couvrir de rondelles de mozzarella et saler. Égoutter les tomates, les couper en lanières, les disposer sur la mozzarella. Saler et poivrer. Saupoudrer d'origan.
- Poser sur la plaque chaude (en gardant la feuille de papier sulfurisé). Enfourner, cuire pendant 20 minutes. Laver et ciseler le basilic. Servir la pizza parsemée de basilic ciselé.

Gambas sautées au piment d'Espelette

Coût : ●●○
Difficulté : ●○○
Préparation : 10 min
Cuisson : 8 min

Par personne 2 1/2 P

Pour 4 personnes
- 1 piment d'Espelette
- 1 gousse d'ail
- 1 CS d'huile d'olive
- 12 gambas
- 1 branche de thym frais
- 1 feuille de laurier
- sel, poivre

Recettes rapides

- Laver le piment d'Espelette, l'ouvrir, l'épépiner et le couper en lamelles. Peler l'ail et l'émincer.
- Faire chauffer l'huile dans une grande poêle, y jeter les gambas, les herbes, l'ail et le piment. Cuire les gambas pendant 4 minutes sur chaque face. Saler et poivrer. Servir immédiatement.

Salade de papaye verte

Coût : ●○○
Difficulté : ●○○
Préparation : 20 min
Pas de cuisson

Par personne 2 P

Pour 4 personnes
- 1 belle papaye verte
- 4 petites tomates
- 500 g de crevettes (240 g décortiquées)
- 1 piment oiseau
- 1 citron vert
- 4 cc d'huile d'olive
- sel, poivre

- Éplucher la papaye, la couper en 2, ôter les petites graines blanches qui se trouvent à l'intérieur. La râper finement (comme des carottes) et verser dans un plat.
- Laver les tomates puis les couper en quartiers fins. Décortiquer les crevettes. Disposer les tomates et les crevettes sur la papaye râpée.
- Émincer le piment. Presser le citron vert. Mélanger le jus de citron et l'huile. Saler, poivrer et ajouter le piment émincé. Verser dans le plat, mélanger et servir bien frais.

Soupe de pois cassés et orge perlé

Coût : ●○○
Difficulté : ●○○
Préparation : 15 min
Cuisson : 15 min

Par personne 2 P

Pour 4 personnes
- 140 g de pois cassés
- 1 oignon
- 60 g d'orge perlé
- 1 petite branche de céleri
- 1 cube de bouillon de légumes
- quelques brins de persil
- 1 gousse d'ail
- 1 petite carotte
- sel, poivre

entrée

- Rincer les pois cassés sous l'eau fraîche. Éplucher l'oignon, la carotte et la gousse d'ail. Laver la carotte, le céleri et le persil. Passer tous les légumes au robot pour les réduire en julienne.
- Porter à ébullition 1,5 litre d'eau dans un autocuiseur. Ajouter les légumes en julienne, le cube de bouillon et l'orge perlé. Saler légèrement et poivrer.
- Fermer et laisser cuire pendant 15 minutes à partir de la rotation de la soupape. Rectifier l'assaisonnement si nécessaire. Servir très chaud.

Champignons farcis au chèvre frais

Coût : ●●○
Difficulté : ●○○
Préparation : 10 min
Cuisson : 20 min

Pour 4 personnes
- 12 gros champignons de Paris
- 1/2 citron
- 2 oignons
- 3 cc d'huile d'olive
- 150 g de fromage de chèvre frais
- 20 g de parmesan râpé
- 4 cc de crème fraîche allégée à 15 %
- 1 œuf entier
- 1 cc d'origan
- sel, poivre

Par personne 3 1/2 P

- Préchauffer le four à th. 5 (180 °C).
- Retirer le bout terreux des champignons, les laver et séparer les têtes des pieds. Frotter les têtes avec le demi-citron. Peler les oignons, les hacher avec les pieds des champignons. Faire revenir ce hachis pendant 5 minutes à la poêle dans 2 cuillères à café d'huile d'olive. Saler et poivrer.
- Dans une terrine, écraser le fromage de chèvre frais en y incorporant le parmesan, la crème fraîche, l'œuf préalablement battu et l'origan. Ajouter le hachis de légumes tiédi. Saler, poivrer.
- Remplir les têtes de champignons de cette farce. Les ranger dans un plat huilé (avec la cuillère d'huile restante). Mettre au four pendant 15 minutes et servir.

Recettes rapides

Salade de raie sauce citronnette

Coût : ●●○
Difficulté : ●○○
Préparation : 15 min
Cuisson : 10 min

Par personne : 2 1/2 P

Pour 4 personnes
- 960 g d'ailes de raie
- 1 sachet de court-bouillon
- 10 cl de vinaigre de vin blanc
- 3 tomates moyennes
- 1 gousse d'ail
- 2 CS de jus de citron
- 4 cc d'huile d'olive
- 1 CS de basilic ciselé
- sel, poivre

- Couper la raie en morceaux. Délayer le contenu du sachet de court-bouillon dans 1 litre d'eau froide. Ajouter le vinaigre. Chauffer sur feu doux. Y faire pocher la raie en morceaux pendant 8 minutes à petits frémissements.
- Pendant ce temps, couper les tomates en 2, les épépiner et couper la pulpe en petits dés. Peler et presser la gousse d'ail. Dans un bol, mélanger le jus de citron, l'huile d'olive et l'ail pressé. Saler et poivrer.
- Égoutter la raie. Enlever la peau puis détacher les filets du cartilage. Disposer les filets sur des assiettes chaudes. Arroser de sauce. Parsemer de dés de tomates et de basilic ciselé. Servir encore tiède.

Tartare de bar au gingembre

Coût : ●●○
Difficulté : ●●○
Préparation : 25 min
Pas de cuisson
Réfrigération : 15 min
Marinade : 15 min

Par personne : 3 P

Pour 4 personnes
- 1 concombre
- gros sel
- 480 g de filet de bar (sans la peau)
- 1 morceau de 2 cm de gingembre frais
- 2 citrons verts
- 2 cc d'huile d'olive
- sel, poivre

entrée

- Éplucher le concombre en laissant 1 bande de peau sur 2. L'émincer finement et le mettre dans une passoire. Saupoudrer de gros sel. Laisser dégorger pendant 20 minutes.
- Réserver le filet de bar pendant 15 minutes au congélateur afin qu'il raffermisse et soit plus facile à découper.
- Peler le morceau de gingembre. Le couper en très fines lamelles. Presser les citrons. Découper le filet de bar raffermi en lanières. Les mettre dans un plat creux avec le jus des citrons verts, l'huile d'olive et les lamelles de gingembre. Saler, poivrer et mélanger le tout. Couvrir d'un film étirable. Laisser mariner pendant 15 minutes au réfrigérateur.
- Répartir ce tartare sur 4 assiettes rafraîchies. Garnir du concombre rincé et égoutté. Arroser le tout de marinade. Servir aussitôt.

Crème de chou-fleur aux coques

Coût : ●○○
Difficulté : ●○○
Préparation : 15 min
Cuisson : 20 min

Pour 4 personnes
- 1 chou-fleur
- 1,5 kg de coques
- 1 brindille de thym
- 20 cl de lait demi-écrémé
- 10 cl de crème fraîche allégée à 15 %
- 4 brins de persil plat
- sel, poivre

Par personne : 3 P

- Séparer le chou-fleur en bouquets. Les faire cuire pendant 20 minutes dans 1 litre d'eau bouillante salée.
- Pendant ce temps, rincer les coques à plusieurs eaux en les entrechoquant afin de les débarrasser de leur sable. Les mettre dans un faitout avec 5 cl d'eau et le thym. Les faire ouvrir pendant 4 à 5 minutes sur feu vif en remuant sans cesse avec l'écumoire. Les retirer et les décoquiller. Filtrer le jus.
- Faire chauffer le lait dans une casserole. Égoutter le chou-fleur. Le mixer avec le lait bouillant. Ajouter le jus des coques filtré puis la crème fraîche. Poivrer. Porter à ébullition en remuant.
- Hors du feu, ajouter les coques. Laver le persil. Parsemer de brins de persil et servir aussitôt.

Recettes rapides — **entrée**

Salade de chou à l'orange

Coût : ●○○
Difficulté : ●○○
Préparation : 15 min
Cuisson : 10 min

Par personne : 1 1/2 P

Pour 4 personnes
- 1/2 chou vert frisé
- 250 g de brocolis
- 2 oranges
- 1/2 citron
- 1 cc de moutarde forte
- 1 cc de moutarde à l'ancienne
- 2 CS d'huile
- sel, poivre

- Émincer finement le chou. Le faire blanchir pendant 5 minutes à l'eau bouillante salée. Le rafraîchir dans de l'eau glacée et l'égoutter. L'émincer et le réserver.
- Séparer les bouquets de brocolis. Les faire cuire pendant 5 minutes à l'eau bouillante salée. Les rafraîchir et les égoutter.
- Peler les oranges à vif, en retirant les peaux blanches, au-dessus d'un saladier afin d'en recueillir le jus. Les séparer en tranches. Presser le demi-citron.
- Mélanger le jus d'orange recueilli avec le jus de citron, les moutardes et l'huile. Saler et poivrer. Ajouter le chou émincé dans le saladier. Bien remuer. Garnir avec les bouquets de brocolis et les quartiers d'oranges. Servir à température ambiante.

Rollmops à la pomme verte et au raifort

Coût : ●●○
Difficulté : ●●○
Préparation : 15 min
Pas de cuisson

Par personne : 5 1/2 P

Pour 4 personnes
- 4 CS rases de crème fraîche liquide bien froide allégée à 15 %
- 1 cc de raifort râpé
- 1 oignon rouge
- 250 g de radis noir
- 2 pommes Granny Smith
- 4 brins d'aneth
- 8 rollmops (420 g) (filets de hareng marinés au vinaigre et roulés)

- Fouetter la crème liquide très froide avec le raifort râpé jusqu'à ce qu'elle soit légère et mousseuse. La réserver au réfrigérateur.
- Peler et émincer l'oignon en lamelles. Éplucher le radis noir. Couper 12 fines rondelles et râper finement le reste. Laver les pommes, les couper en quartiers. Ôter le cœur et les pépins puis, sans les peler, les couper en lamelles. Laver l'aneth.

Recettes rapides — entrée

- Dérouler les rollmops. Garnir chacun d'un peu de radis noir râpé. Les rouler à nouveau. Les disposer sur des assiettes. Garnir de lamelles d'oignons, de radis et de pommes alternées. Répartir la crème fouettée au raifort sur chacune et décorer d'un brin d'aneth. Servir froid.

Croustillants aux foies de volaille

Coût : ●○○
Difficulté : ●●○
Préparation : 15 min
Cuisson : 15 min

Par personne : 3 1/2 P

Pour 4 personnes
- 150 g de champignons de Paris
- 250 g de foies de volaille
- 4 feuilles de brick
- 4 cc de margarine
- 1 CS de vinaigre de xérès
- 1 échalote
- sel, poivre

- Préchauffer le four à th. 6 (200 °C).
- Retirer le bout terreux des champignons, les laver et les émincer. Peler et hacher l'échalote. Dénerver les foies de volaille et les couper en dés.
- Chauffer 2 cuillères à café de margarine dans une poêle antiadhésive. Y faire fondre l'échalote pendant 2 à 3 minutes sur feu doux. Ajouter les champignons. Les faire cuire pendant 5 à 6 minutes. Saler, poivrer et réserver.
- Dans la même poêle juste essuyée, faire raidir les foies de volaille pendant 2 à 3 minutes sur feu vif. Saler et poivrer. Les réserver également puis déglacer la poêle avec le vinaigre de xérès. Dans un saladier, mélanger les foies de volaille et les champignons. Verser le jus de déglaçage dans le saladier, mélanger.
- Dans une petite casserole, faire fondre 2 cuillères à café de margarine. En badigeonner chaque feuille de brick du bout des doigts. Répartir les foies de volaille et les champignons sur chacune. Former 4 aumônières. Les passer pendant 5 minutes au four. Servir bien chaud.

Recettes rapides ————————————————————————— **viande**

Grenadins de veau au concombre

Coût : ●●○
Difficulté : ●○○
Préparation : 15 min
Cuisson : 12 min

Pour 4 personnes
- 2 concombres
- 2 cc de margarine
- 4 grenadins de veau (4 x 130 g)
- 1 cc de poivre concassé
- 1 cc d'huile
- 2 CS de vermouth sec
- 4 brins d'estragon
- sel, poivre

Par personne : 4 P

- Éplucher les concombres. Les couper en 4 dans le sens de la longueur. Éliminer les graines puis les détailler en tronçons. Les mettre dans une sauteuse avec 1 cuillère à café de margarine. Saler et poivrer. Laisser étuver pendant 10 minutes à couvert sur feu doux.
- Pendant ce temps, assaisonner les grenadins de veau de sel et de poivre concassé.
- Faire chauffer 1 cuillère à café de margarine et 1 cuillère à café d'huile dans une poêle. Y faire cuire les grenadins pendant 5 minutes sur chaque face. Les retirer et réserver au chaud. Jeter la graisse de cuisson. Déglacer avec le vermouth.
- Laver, essorer et ciseler l'estragon. Présenter les grenadins sur des assiettes chaudes. Arroser du jus de cuisson. Entourer des concombres et parsemer d'estragon ciselé.

Aiguillettes de canard au genièvre

Coût : ●●○
Difficulté : ●○○
Préparation : 10 min
Cuisson : 10 min

Pour 4 personnes
- 1 CS de baies de genièvre
- 500 g d'aiguillettes de canard
- 2 cc de fond de volaille déshydraté
- 2 cc de margarine
- 1 CS de gin (facultatif)
- 10 cl de crème fraîche allégée à 15 %
- sel, poivre

Par personne : 6 1/2 P

Recettes **rapides** ─────────────────────────────────── **viande**

- Écraser les baies de genièvre avec le plat d'un couteau. Rouler dedans les aiguillettes de canard en appuyant bien. Délayer le fond de volaille dans 10 cl d'eau bouillante.
- Chauffer la margarine dans une poêle. Y faire revenir les aiguillettes de canard pendant 5 à 6 minutes. Saler, poivrer et les réserver. Jeter la graisse. Selon les goûts, déglacer la poêle avec le gin et le flamber hors du feu.
- Ajouter le fond de volaille et la crème fraîche. Faire bouillir et réduire pendant 5 minutes. Rectifier l'assaisonnement. Remettre les aiguillettes de canard dans cette sauce. Chauffer sans faire bouillir. Servir aussitôt.
- Accompagner d'une purée de céleri.

Brochettes de dinde tandoori

Coût : ●○○
Difficulté : ●○○
Préparation : 20 min
Cuisson : 12 min
Marinade : 2 h

Par personne : 2 1/2 P

Pour 4 personnes
- 3 blancs de dinde (3 x 130 g)
- 2 CS de pâte tandoori
- 3 yaourts nature à 0 %
- 1/2 bouquet de menthe
- 2 citrons
- 1 concombre
- sel, poivre

- Couper les blancs de dinde en cubes de 2 cm de côté. Presser les citrons. Mélanger la pâte tandoori avec 1 yaourt et la moitié du jus de citron, poivrer. Mettre les morceaux de dinde à mariner dans cette préparation pendant 2 heures, en les retournant plusieurs fois.
- Laver et effeuiller la menthe. Laver et essuyer le concombre, le couper en 4 dans le sens de la longueur, retirer les graines du centre, puis le détailler en cubes de même taille (et en même nombre) que ceux de dinde. Réserver le reste. Embrocher les morceaux de dinde, des feuilles de menthe et les cubes de concombre en les alternant.
- Faire chauffer sur feu vif un gril en fonte, poser les brochettes dessus, les cuire pendant 3 minutes sur chacun des 4 côtés. Saler. Hacher les feuilles de menthe restantes, couper le reste du concombre en minuscules dés, mélanger aux 2 yaourts restants, ajouter le reste du jus de citron, poivrer. Servir les brochettes avec le yaourt au concombre et à la menthe.

Recettes rapides — viande

Saltimbocca de veau à la sauge

Coût : ●○○
Difficulté : ●○○
Préparation : 10 min
Cuisson : 10 min

Par personne : 3 1/2 P

Pour 4 personnes
- 4 escalopes fines de veau (4 x 130 g)
- 30 feuilles de sauge fraîche
- 2 cc d'huile de pépins de raisin
- poivre du moulin

- Couper les escalopes de veau en rectangles de 10 cm sur 5. Couvrir chacune de 1 feuille de sauge, les maintenir à l'aide d'une petite pique en bois.
- Faire chauffer l'huile dans une grande poêle antiadhésive, faire cuire ces saltimboccas pendant 3 minutes côté viande, 2 minutes côté sauge. Les retirer de la poêle et les réserver au chaud.
- Verser 5 cl d'eau, poivrer et faire réduire de moitié à feu vif. Remettre les saltimboccas dans la poêle pour les napper sur les deux faces. Servir bien chaud.

Recettes rapides — poisson

Bouillabaisse express

Coût : ●●●
Difficulté : ●○○
Préparation : 20 min
Cuisson : 20 min

Par personne : 3 1/2 P

Pour 4 personnes
- 1 citron
- 2 gousses d'ail
- 1 gros oignon
- 2 poireaux
- 2 tomates
- 2 cc d'huile d'olive
- 1 bouquet garni
- 1 feuille de laurier
- 10 cl de vin blanc sec
- 1 clou de girofle
- 10 grains de poivre
- 1 CS de gros sel
- 1 botte de persil
- 1 dosette de safran
- 1 petite queue de lotte de 350 g
- 4 petits rougets écaillés (300 g)
- 480 g de filets de sole
- sel

poisson

- Couper le citron en 4, prélever la pulpe en ôtant les filaments blancs. Peler et émincer les gousses d'ail et l'oignon. Laver les poireaux, les couper en petits tronçons. Laver et essuyer les tomates, les couper en quartiers.
- Verser l'huile d'olive dans une cocotte, y mettre l'ail, l'oignon, les poireaux, les tomates, le bouquet garni et le laurier. Faire revenir à feu vif pendant 5 minutes, puis ajouter le vin, le clou de girofle, la chair du citron, les grains de poivre, le gros sel et 30 cl d'eau. Faire réduire de 1/3 à feu vif 5 minutes. Laver et hacher finement le persil, l'ajouter avec le safran.
- Couper la queue de lotte en 2 dans le sens de la largeur. La plonger dans le bouillon. Après 5 minutes, ajouter les rougets et les filets de sole. Cuire encore pendant 5 minutes en maintenant à petits frémissements. Servir immédiatement.

Filets de limande sauce verte

Coût : ●○○
Difficulté : ●○○
Préparation : 10 min
Cuisson : 10 min

Pour 4 personnes
- 2 gousses d'ail
- 1 bouquet de basilic
- 2 cc d'huile d'olive
- 2 CS de câpres
- 100 g de fromage blanc à 20 %
- 4 filets de limande (4 x 140 g)
- 1 sachet de court-bouillon
- sel, poivre

Par personne : 3 P

- Peler les gousses d'ail. Laver le basilic et l'éponger soigneusement. Dans un bol, mixer ensemble les feuilles de basilic, l'ail, l'huile, les câpres et le fromage blanc. Saler et poivrer. Réserver.
- Rincer et éponger les filets de limande à l'aide de papier absorbant. Diluer le court-bouillon dans 1 litre d'eau. Faire pocher les filets pendant 10 minutes à petits frémissements, puis les égoutter.
- Faire chauffer la sauce pendant 1 minute au four à micro-ondes (puissance maximale). Servir le poisson bien chaud, nappé de sauce verte.

Recettes rapides

poisson

Escalopines de thon minute - tapenade

Coût : ●●○
Difficulté : ●○○
Préparation : 10 min
Cuisson : 5 min

Par personne : 4 P

Pour 4 personnes
- 1 morceau de thon de 480 g
- 1 cc d'huile d'olive
- 12 olives noires dénoyautées
- 1 cc de vinaigre de xérès
- sel, poivre

- Couper le thon en escalopines de 2 cm d'épaisseur. Les arroser d'huile d'olive. Mixer les olives avec le vinaigre et 1 cuillère à soupe d'eau.
- Faire chauffer une poêle antiadhésive et y faire cuire les morceaux de thon pendant 3 minutes sur une face et 2 minutes sur l'autre. Saler et poivrer. Servir immédiatement avec la tapenade.

Tagliatelles terre et mer

Coût : ●●○
Difficulté : ●○○
Préparation : 15 min
Cuisson : 15 min

Par personne : 6 1/2 P

Pour 4 personnes
- 500 g de queue de lotte
- 750 g de langoustines
- 45 g de lardons fumés
- 10 cl de crème fraîche allégée à 15 %
- 250 g de tagliatelles fraîches
- 8 brins de ciboulette
- sel, poivre

- Couper la lotte en morceaux. Saler et poivrer. Faire cuire pendant 15 minutes dans le panier d'un cuit-vapeur ou d'un couscoussier.
- Pendant ce temps, faire cuire les langoustines à l'eau bouillante fortement salée en comptant 2 minutes si elles sont petites, 4 minutes si elles sont grosses. Les égoutter, les laisser tiédir puis les décortiquer.
- Dans une poêle antiadhésive, faire revenir les lardons à sec pendant 4 à 5 minutes sur feu doux.
- Dès qu'ils commencent à rissoler, ajouter les morceaux de lotte et les langoustines. Verser la crème fraîche. Porter à ébullition. Saler, poivrer et réserver au chaud.
- Faire cuire les tagliatelles « al dente » dans un grand volume d'eau bouillante salée. Les égoutter et les mélanger aussitôt à la préparation précédente. Laver, ciseler la ciboulette, en parsemer la préparation et servir.

Recettes rapides — **plat complet**

Salade de blé aux haricots

Coût : ●○○
Difficulté : ●○○
Préparation : 15 min
Cuisson : 15 min

Par personne : 4 P

Pour 4 personnes
- 120 g de blé type Ébly
- 1 boîte de haricots rouges cuits (265 g égouttés)
- 2 tomates moyennes
- 1 poivron vert
- 1 gousse d'ail
- 2 petits oignons blancs
- 30 g de mimolette
- 4 cc d'huile d'olive
- 2 cc de moutarde
- 4 cc de vinaigre
- sel, poivre

- Faire cuire le blé pendant 15 minutes à l'eau bouillante salée, l'égoutter.
- Pendant ce temps, rincer et égoutter les haricots rouges. Laver les tomates et le poivron. Les couper en dés. Peler et émincer l'ail et les oignons. Couper la mimolette en fins bâtonnets.
- Disposer tous les ingrédients dans un saladier. Préparer la vinaigrette : mélanger l'huile, la moutarde, le vinaigre, le sel et le poivre. Verser la vinaigrette dans le saladier, mélanger et servir.

Œufs brouillés aux lentilles

Coût : ●○○
Difficulté : ●○○
Préparation : 10 min
Cuisson : 10 à 15 min

Par personne : 5 P

Pour 4 personnes
- 360 g de lentilles cuites (en conserve ou sous vide)
- 4 petites tomates
- 1 gousse d'ail
- 2 cc d'huile d'olive
- 6 œufs
- 1 petit bouquet de cerfeuil
- sel, poivre

- Égoutter les lentilles. Laver les tomates, puis les couper en petits cubes. Éplucher la gousse d'ail et l'émincer.
- Faire chauffer l'huile dans une petite poêle. Ajouter l'ail et les tomates, faire revenir pendant 3 minutes en remuant. Ajouter les lentilles et porter à ébullition, en remuant. Saler et poivrer.
- Casser les œufs dans un bol, saler, poivrer et les battre légèrement. Verser le mélange dans les lentilles et laisser cuire pendant 5 à 8 minutes, en remuant de temps en temps.
- Laver le cerfeuil. Décorer de pluches de cerfeuil et servir aussitôt.

Recettes rapides — **plat complet**

Curry de pommes de terre

Coût : ●○○
Difficulté : ●○○
Préparation : 10 min
Cuisson : 20 min

Par personne : 5 P

Pour 4 personnes
- 600 g de pommes de terre cuites (conditionnées sous vide)
- 390 g de blancs de poulet
- 1 petite pomme
- 1 bel oignon
- 1 gousse d'ail
- 1 CS d'huile
- 3 cc de curry en poudre
- 1 yaourt nature
- sel, poivre

- Rincer les pommes de terre sous l'eau froide et les égoutter. Couper le poulet en dés. Éplucher et émincer la pomme, l'oignon et l'ail.
- Faire chauffer l'huile dans une sauteuse, ajouter l'oignon, l'ail et le poulet. Faire revenir pendant 5 minutes à feu vif, en remuant.
- Ajouter la pomme, les pommes de terre et le curry. Mouiller avec le yaourt et couvrir. Saler, poivrer et laisser cuire pendant 15 minutes, en remuant de temps en temps. Servir chaud.

Pilpil aux lentilles

Coût : ●○○
Difficulté : ●○○
Préparation : 10 min
Cuisson : 25 min

Par personne : 4 P

Pour 4 personnes
- 120 g de pilpil de blé complet
- 300 g de lentilles cuites (conserve)
- 150 g de tomates pelées (conserve)
- 1 tranche de jambon blanc (50 g)
- 1 petit bouquet de persil
- 1 oignon
- 1 gousse d'ail
- 4 cc d'huile d'olive
- sel

- Cuire le pilpil pendant 15 minutes à l'eau bouillante salée, puis l'égoutter.
- Rincer les lentilles et les égoutter. Peler l'oignon et l'ail et les émincer finement. Couper les tomates et le jambon en petits dés. Laver et hacher le persil.
- Faire chauffer l'huile dans une sauteuse, ajouter l'oignon, l'ail et le jambon émincés. Laisser revenir pendant 5 minutes, en remuant. Verser les tomates et les lentilles. Couvrir et laisser cuire pendant 5 minutes, à feu moyen.
- Ajouter le pilpil, saupoudrer de persil haché et servir chaud.

Recettes rapides

accompagnement

Effilochée d'endives

Coût : ●○○
Difficulté : ●○○
Préparation : 15 min
Cuisson : 15 min

Par personne : 2 P

Pour 4 personnes
- 500 g d'endives
- 2 cc de margarine
- 1/2 citron
- 10 cl de crème fraîche allégée à 15 %
- 1 cc de sucre
- sel, poivre

- Laver les endives. Éliminer les premières feuilles ainsi que le cône amer à la base. Les émincer dans le sens de la longueur.
- Les mettre dans une sauteuse avec la margarine et le jus du demi-citron. Laisser étuver 5 minutes à couvert. Ajouter la crème, le sucre, du sel et du poivre.
- Poursuivre la cuisson 10 minutes. Servir les endives en garniture d'un poisson poché, de noix de Saint-Jacques en papillote ou d'un rôti de veau (à comptabiliser).

Poêlée de blettes à l'ail

Coût : ●○○
Difficulté : ●○○
Préparation : 15 min
Cuisson : 5 min

Par personne : 1/2 P

Pour 4 personnes
- 500 g de feuilles de blettes
- 3 gousses d'ail nouveau
- 2 cc d'huile d'olive
- sel, poivre

- Rincer les feuilles de blettes dans plusieurs eaux. Peler et émincer les gousses d'ail. Les mettre dans une sauteuse avec l'huile d'olive. Chauffer sur feu doux. Ajouter les blettes encore bien mouillées. Saler, poivrer. Faire cuire 5 minutes sur feu vif en mélangeant jusqu'à ce que toute l'eau soit évaporée.
- Servir aussitôt en garniture d'un poisson au four ou d'une viande blanche rôtie (à comptabiliser).

Recettes rapides

Symphonie d'automne

Coût : ●○○
Difficulté : ●○○
Préparation : 15 min
Pas de cuisson

Pour 4 personnes
- 2 petits avocats (240 g de chair)
- 3 citrons
- 1/2 betterave
- 4 endives
- 2 pommes Granny Smith
- 1 bouquet de cerfeuil
- sel, poivre

Par personne : 3 P

- Éplucher les avocats. Ôter le noyau et couper la chair en dés. Arroser avec le jus de 1 citron pour éviter qu'ils noircissent. Peler la betterave crue. La détailler en chips à l'aide d'une râpe.
- Ôter les grosses feuilles extérieures des endives et enlever le cône de la base. Éplucher les pommes et les couper en tranches fines.
- Dans un saladier, disposer les feuilles d'endives, les chips de betterave, les tranches de pommes et les dés d'avocats. Saler, poivrer et arroser avec le jus des 2 citrons restants. Décorer avec le cerfeuil émincé.

Mariage à l'italienne

Coût : ●○○
Difficulté : ●○○
Préparation : 15 min
Cuisson : 15 min

Pour 4 personnes
- 500 g de brocolis
- 300 g de tagliatelles fraîches
- 1 cc d'huile d'olive
- 15 cl de crème fraîche allégée à 15 %
- 40 g de parmesan
- sel, poivre

Par personne : 5 P

- Laver les brocolis. Détacher les petits bouquets des tiges à l'aide d'un couteau pointu. Faire cuire ceux-ci 10 minutes à la vapeur.
- Pendant ce temps, faire chauffer une grande quantité d'eau salée avec l'huile d'olive pour la cuisson des tagliatelles. Les verser dans l'eau bouillante et faire cuire 2 minutes.

accompagnement

- Faire tiédir la crème. Égoutter rapidement les tagliatelles et les brocolis. Les verser dans un plat. Poivrer. Arroser avec la crème et ajouter le parmesan. Servir aussitôt.

Salade d'épinards

Coût : ●○○
Difficulté : ●○○
Préparation : 15 min
Pas de cuisson

Par personne : 1/2 P

Pour 4 personnes
- 1 kg de pousses d'épinards
- 2 bulbes de fenouil
- 250 g de soja frais
- 2 yaourts à 0 %
- 250 g de champignons de Paris
- sel, poivre

- Laver rapidement les pousses d'épinards et le soja. Ôter le bout terreux des champignons et les laver à l'eau vinaigrée. Ouvrir en 2 les bulbes de fenouil, retirer le tronçon central, conserver les plumets.
- À l'aide d'un économe, couper de fines tranches de fenouil. Émincer les champignons. Dans un bol, battre les yaourts, saler et poivrer.
- Dans un grand saladier, disposer les pousses d'épinards, le soja, les champignons et le fenouil. Arroser avec la sauce et décorer avec les plumets des fenouils.

dessert

Carpaccio de melon

Coût : ●●○
Difficulté : ●○○
Préparation : 15 min
Pas de cuisson
Par personne : 0 P

Pour 4 personnes
- 1 gros melon
- 1/2 bouquet de basilic
- 1 barquette de framboises

- Peler le melon, le couper en 2 et retirer les graines. Découper le melon en tranches les plus fines possible. Les disposer en corolle dans des coupelles individuelles.
- Ciseler les feuilles de basilic. Remplir les corolles de melon, de basilic et de framboises. Servir bien frais.

Sorbet minute

Coût : ●○○
Difficulté : ●○○
Préparation : 5 min
Congélation : 10 min
Par personne : 3 P

Pour 4 personnes
- 400 g de fruits surgelés (au choix dans les fruits libres)
- 15 cl de crème fraîche liquide allégée à 15 %
- 4 CS rases de fructose

- Mettre les fruits surgelés dans le bol du mixeur avec la crème et le fructose, mixer en purée homogène.
- Verser dans des coupelles individuelles, mettre au congélateur pendant 10 minutes. Servir.

Yaourt glacé à la menthe

Coût : ●○○
Difficulté : ●○○
Préparation : 5 min
Pas de cuisson
Par personne : 1 P

**Pour 4 personnes
(4 verres)**
- 1/2 bouquet de menthe
- 4 yaourts brassés nature à 0 %
- 6 glaçons

- Laver et effeuiller la menthe. Verser dans le bol du mixeur les 4 yaourts, les glaçons et les feuilles de menthe. Mixer. Servir immédiatement.

Recettes rapides

Salade d'oranges à la cannelle

Coût : ●○○
Difficulté : ●○○
Préparation : 10 min
Pas de cuisson
Réfrigération : 10 min

Par personne : 1/2 P

Pour 4 personnes
- 6 oranges
- 1 CS de fructose
- 1 CS de cannelle en poudre
- 1 sachet de sucre vanillé
- 1 CS de fleur d'oranger

- Peler les oranges à vif (en retirant toutes les peaux blanches). Les détailler en quartiers en glissant la lame d'un couteau fin le long des membranes.
- Placer les quartiers dans un saladier, saupoudrer de fructose, de cannelle et de sucre vanillé, arroser de fleur d'oranger. Mettre au frais pendant 10 minutes.

Compote meringuée

Coût : ●○○
Difficulté : ●○○
Préparation : 15 min
Cuisson : 10 min

Par personne : 3 P

Pour 4 personnes
- 4 petits macarons secs (50 g)
- 2 cc de gelée de groseilles
- 400 g de compote de pommes allégée en sucre
- 2 blancs d'œufs
- 1 pincée de sel
- 2 CS d'édulcorant

- Préchauffer le four à th. 6 (200 °C).
- Écraser les macarons entre les mains afin de les réduire en chapelure grossière. Laisser tiédir la gelée de groseilles dans une petite casserole.
- Répartir la compote dans 4 ramequins. Parsemer de chapelure de macarons. Napper d'un peu de gelée de groseilles tiédie.
- Monter les blancs d'œufs en neige ferme avec 1 pincée de sel. Incorporer l'édulcorant en continuant à les battre.
- Garnir de meringue la surface de chaque ramequin en formant des pics avec les dents d'une fourchette. Faire dorer pendant 10 minutes au four. Servir chaud ou tiède.

dessert

Minestrone de fruits exotiques

Coût : ●●○
Difficulté : ●○○
Préparation : 20 min
Cuisson : 5 min
Réfrigération : 2 h

Par personne : 1 1/2 P

Pour 4 personnes
- 1 citron vert non traité
- 2 brins de menthe
- 1 boîte d'ananas au sirop léger (340 g égouttés)
- 1 gousse de vanille
- 1 mangue (200 g de chair)
- 2 kiwis
- 1 petite banane

- Laver le citron, râper le zeste puis presser le citron. Laver la menthe. Égoutter l'ananas en réservant le sirop contenu dans la boîte.
- Fendre la gousse de vanille en 2. Verser le sirop dans une casserole. Ajouter la gousse de vanille fendue. Faire bouillir et réduire le sirop pendant 5 minutes.
- Retirer la vanille et gratter l'intérieur pour ne garder que les grains parfumés qu'elle contient. Les ajouter dans le sirop avec le zeste du citron vert. Laisser refroidir.
- Couper les tranches d'ananas en petits dés. Éplucher la mangue, les kiwis et la banane. Les couper également en petits dés. Arroser les dés de bananes du jus du citron vert.
- Ajouter ces fruits dans le sirop. Mélanger délicatement. Mettre au réfrigérateur pendant 2 heures. Décorer de petits brins de menthe. Servir très frais.

Taboulé aux fruits

Coût : ●○○
Difficulté : ●○○
Préparation : 20 min
Gonflage du couscous : 5 min

Par personne : 3 P

Pour 4 personnes
- 1 CS d'amandes effilées (10 g)
- 1 CS de fructose
- 120 g de couscous moyen précuit
- 2 cc de beurre
- 2 kiwis
- 1 orange
- 150 g de fraises
- 1 CS de raisins secs (20 g)
- 2 brins de menthe
- 1 pincée de sel

Recettes rapides — *dessert*

- Faire dorer les amandes effilées à sec dans une poêle antiadhésive bien chaude.
- Porter 15 cl d'eau à ébullition avec 1 pincée de sel et le fructose. Verser bouillant sur le couscous. Couvrir et laisser gonfler pendant 5 minutes. Aérer le couscous en soulevant les graines avec une fourchette. Incorporer le beurre et laisser refroidir.
- Éplucher les kiwis. Les couper en dés. Peler l'orange à vif. Détacher au couteau les quartiers sans leurs membranes. Les couper en 3. Rincer et équeuter les fraises. Les couper en quartiers.
- Incorporer délicatement ces fruits ainsi que les raisins secs au couscous refroidi. Laver et ciseler la menthe. Parsemer d'amandes et de menthe ciselée. Servir frais.

Bananes flambées au citron vert

Coût : ●○○
Difficulté : ●○○
Préparation : 10 min
Cuisson : 8 min
Marinade : 30 min

Par personne : 2 1/2 P

Pour 4 personnes
- 2 citrons verts
- 1 citron jaune
- 1 gousse de vanille
- 4 petites bananes
- 2 CS rases de fructose
- 4 cc de margarine
- 1 CS de rhum blanc

- Presser les citrons verts et le citron jaune. Fendre la gousse de vanille en 2 dans la longueur. Peler les bananes, les couper en 2 dans le sens de la longueur, les arroser des jus de citron, les saupoudrer de fructose. Les laisser mariner pendant 30 minutes avec la gousse de vanille fendue.
- Faire chauffer la margarine dans une poêle antiadhésive, mettre les bananes, les cuire pendant 5 minutes, les retourner, les cuire encore pendant 3 minutes. Arroser de rhum, flamber. Servir aussitôt.

Recettes pour **une**

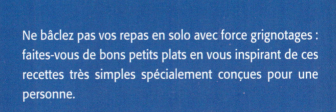

Ne bâclez pas vos repas en solo avec force grignotages : faites-vous de bons petits plats en vous inspirant de ces recettes très simples spécialement conçues pour une personne.

personne

Recettes pour **une personne**

Canapés à la crème de noix

Coût : ●○○
Difficulté : ●○○
Préparation : 10 min
Cuisson : 3 min

Par personne : 4 P

Pour 1 personne
- 1 tranche de pain de mie (25 g)
- 10 g de noix
- 50 g de fromage blanc en faisselle à 20 %
- 1 petite branche de céleri
- sel, poivre

- Faire griller le pain, puis le couper en diagonale pour obtenir 4 triangles. Concasser grossièrement les noix. Les mélanger au fromage blanc. Saler légèrement et poivrer.
- Laver le céleri, puis le couper en très petits tronçons.
- Étaler le fromage aux noix sur le pain, décorer de céleri et servir sans attendre.

Crème de rhubarbe au kiwi

Coût : ●○○
Difficulté : ●○○
Préparation : 30 min
Cuisson : 25 min

Par personne : 1 P

Pour 1 personne
- 250 g de rhubarbe
- 2 CS d'édulcorant de cuisson en poudre
- 1 kiwi
- 4 cc de crème fraîche allégée à 15 % très froide

- Retirer les feuilles des tiges de la rhubarbe. Retirer les fils et couper les côtes en petits tronçons. Faire chauffer 1 litre d'eau. Mettre les tronçons de rhubarbe dans un plat creux et les recouvrir d'eau bouillante. Laisser tremper 5 minutes pour en supprimer l'amertume.
- Égoutter (en récupérant le sirop de cuisson) et mettre les tronçons de rhubarbe dans une casserole à fond épais. Ajouter 2 cuillères à soupe d'eau et l'édulcorant. Cuire pendant 25 minutes en remuant avec une cuillère de bois. La rhubarbe doit être réduite en purée et il ne doit pas rester d'eau. Retirer du feu et laisser refroidir.
- Éplucher le kiwi et le réduire en purée au mixeur. Verser la purée de kiwi dans le sirop de cuisson de la rhubarbe. Laisser refroidir.

brunch

- Battre la crème fraîche en chantilly, en incorporer la moitié au mélange sirop-kiwi et remuer délicatement. Ajouter la rhubarbe. Mélanger et verser dans une coupe. Décorer avec le reste de chantilly. Mettre au réfrigérateur jusqu'au moment de servir.

Recettes pour
une personne ———————————————— petit déjeuner

Compote de figues

Coût : ●○○
Difficulté : ●○○
Préparation : 10 min
Cuisson : 30 min

Par personne : 4 P

Pour 1 personne
- 5 g d'édulcorant de cuisson en poudre
- 1/2 gousse de vanille
- 250 g de figues fraîches
- 10 g d'amandes

- Verser 5 cl d'eau dans une casserole à fond épais, ajouter l'édulcorant et la demi-gousse de vanille fendue dans le sens de la longueur. Faire cuire à feu doux pendant 10 minutes.
- Pendant ce temps, laver les figues et bien les essuyer. Les couper en petits morceaux et les plonger dans le sirop bouillant, les faire cuire 20 minutes. Verser dans un plat. Laisser refroidir. Avant de servir, décorer avec les amandes.

Pamplemousse farci

Coût : ●○○
Difficulté : ●○○
Préparation : 10 min
Pas de cuisson

Par personne : 1 1/2 P

Pour 1 personne

En été :
- 1 pamplemousse jaune
- 4 fraises
- 4 cerises
- 30 g de corn flakes

En hiver :
- 1 pamplemousse rose
- 1 quartier de pomme
- 1/2 kiwi
- 30 g de céréales

- Couper le pamplemousse en 2 dans le sens de la largeur. À l'aide d'un couteau à pamplemousse, détacher délicatement les tranches

Recettes pour
une personne ———————————————— petit déjeuner

au-dessus d'un saladier pour récupérer le jus. Ôter la fine membrane blanche. Retourner les coques de pamplemousse au-dessus du saladier.
- En été : laver les fraises, les équeuter et les couper en dés. Laver les cerises, les dénoyauter. Répartir les fruits et les céréales dans les coques de pamplemousse. Arroser avec le jus de pamplemousse.
- En hiver : éplucher la pomme et le kiwi et les couper en dés. Répartir les fruits et les céréales dans les deux coques de pamplemousse et arroser avec le jus de pamplemousse. Servir immédiatement.

Recettes pour
une personne ———————————————————— cocktail

Les trois « C »

Coût : ●●○
Difficulté : ●○○
Préparation : 5 min

Par personne : 2 P

Pour 1 personne
- 1 citron vert non traité
- 2 CS + 1 cc de cointreau
- 1 CS de cognac

- Laver le citron vert. Prélever 1 zeste avec un couteau économe et presser le citron. Verser le cointreau, le cognac et 1 cuillère à soupe de jus de citron vert dans un shaker à demi rempli de glaçons. Secouer pendant 20 secondes. Verser dans le verre.
- Faire un nœud avec le zeste de citron vert, mettre dans le cocktail et servir.

Douceur des îles

Coût : ●○○
Difficulté : ●○○
Préparation : 5 min

Par personne : 1/2 P

Pour 1 personne
- 1 cc de sirop de sucre
- 2 cc de vin de gingembre
- 2 cc de rhum blanc
- 2 cc de jus de raisin
- 1 grain de raisin

Recettes pour **une personne** _____ cocktail

- Verser le sirop de sucre et le vin de gingembre dans le shaker à demi rempli de glaçons. Ajouter le rhum blanc. Fermer le shaker et le secouer de bas en haut pendant 20 secondes.
- Filtrer dans le verre. Pencher légèrement le verre et verser le jus de raisin. Ajouter le grain de raisin et servir.

Tropical

Coût : ●●○
Difficulté : ●○○
Préparation : 10 min

Par personne : 4 P

Pour 1 personne
- 1/2 kiwi
- 1/2 mangue
- 5 cl de lait de coco
- 2 cc de rhum blanc
- 1 rondelle d'orange

- Éplucher le kiwi et la mangue et les mixer. Verser le lait de coco et donner encore un tour de mixeur.
- Filtrer dans un verre glacé en pressant la préparation avec le dos d'une cuillère pour en extraire le jus. Ajouter le rhum et 2 glaçons.
- Décorer avec la rondelle d'orange posée à cheval sur le bord du verre. Servir.

Recettes pour **une personne** _____ entrée

Soufflé au fromage

Coût : ●○○
Difficulté : ●○○
Préparation : 10 min
Cuisson : 15 min

Par personne : 7 P

Pour 1 personne
- 1 cc de farine
- 10 cl de lait demi-écrémé
- 1 œuf
- 30 g de beaufort râpé
- 1 pincée de noix muscade
- 1 cc de margarine
- sel, poivre

Recettes pour une personne — **entrée**

- Préchauffer le four à th. 5 (180 °C).
- Dans une petite casserole, verser la farine et mélanger en versant progressivement le lait. Laisser épaissir sans cesser de mélanger. Laisser tiédir. Séparer le blanc du jaune d'œuf. Incorporer le jaune à la préparation ainsi que le fromage râpé et la pincée de noix muscade. Saler, poivrer et mélanger intimement.
- Battre le blanc en neige, l'incorporer délicatement à la préparation. Margariner un moule à soufflé individuel, verser la préparation, enfourner et laisser cuire pendant 15 à 20 minutes. Servir immédiatement.

Terrine de fromage aux poivrons

Coût : ●○○
Difficulté : ●●○
Préparation : 30 min
Cuisson : 20 min
Marinade : 1 h
Réfrigération : 6 h

Par personne : 4 1/2 P

Pour 1 personne
- 4 feuilles de gélatine
- 1/2 poivron rouge
- 1/2 poivron vert
- 1/2 poivron jaune
- 1 CS d'huile d'olive
- 1 branche de romarin
- 1 branche de thym
- 1/2 bouquet de basilic
- 200 g de fromage blanc à 0 %
- sel, poivre

- Faire tremper la gélatine dans l'eau tiède et l'égoutter. Laver, essuyer et épépiner les poivrons. Les couper en lamelles dans le sens de la longueur. Les mettre à cuire séparément dans l'eau bouillante salée pendant 15 minutes.
- Faire tiédir l'huile d'olive avec le romarin et le thym. Mettre les poivrons à mariner dans cette huile parfumée pendant 1 heure.
- Chauffer 5 cl d'eau, y faire fondre la gélatine. Hacher les feuilles de basilic, les mélanger au fromage blanc et à la gélatine, saler et poivrer.
- Tapisser une terrine de film étirable, couvrir le fond et les côtés de la terrine de poivrons, étaler une fine couche de fromage blanc, puis

monter la terrine en alternant les couches de poivrons et de fromage blanc et en terminant par les poivrons.
- Poser un poids sur la terrine et la mettre au frais pendant au moins 6 heures. La démouler et la couper en tranches.

Œuf en gelée aux herbes

Coût : ●○○
Difficulté : ●○○
Préparation : 15 min
Cuisson : 5 min
Réfrigération : 1 h

Par personne : 2 P

Pour 1 personne
- 1 feuille de gélatine
- 1 CS de vinaigre de vin blanc
- 1 œuf
- quelques gouttes de Tabasco
- 1 branche d'estragon
- 1 branche de cerfeuil
- 4 brins de ciboulette
- sel, poivre

- Faire tremper la gélatine dans un peu d'eau froide. Verser 50 cl d'eau dans une casserole, ajouter le vinaigre, porter à ébullition, baisser le feu de façon à garder l'eau légèrement frémissante. Casser l'œuf et le faire glisser dans l'eau en prenant garde de ne pas le casser. Le faire cuire à couvert pendant environ 4 minutes. Le sortir avec une écumoire en faisant attention de ne pas crever le jaune et le déposer sur un linge, le laisser tiédir.
- Égoutter et presser la gélatine, la dissoudre dans 1/2 verre d'eau bouillante. Saler, poivrer. Ajouter quelques gouttes de Tabasco. Laver l'estragon, le cerfeuil et la ciboulette. Ciseler la ciboulette.
- Verser un peu de gelée au fond d'un moule à œuf, la faire prendre au réfrigérateur. Déposer dessus quelques feuilles d'estragon et l'œuf poché, parsemer avec des feuilles de cerfeuil et de ciboulette ciselée, couvrir de gelée.
- Mettre 1 heure au réfrigérateur. Au moment de servir, plonger le moule 10 secondes dans de l'eau bouillante et démouler l'œuf.

Recettes pour **une personne** — entrée

Minute de Saint-Jacques au fenouil

Coût : ●●○
Difficulté : ●○○
Préparation : 15 min
Cuisson : 12 min

Par personne : 3 P

Pour 1 personne
- 1 fenouil
- 1/2 citron
- 2 cc d'huile d'olive
- 3 noix de Saint-Jacques (80 g)
- 2 brins de basilic
- sel, poivre

- Éplucher le fenouil et le laver. L'émincer finement. Le faire cuire pendant 5 minutes dans le panier d'un cuit-vapeur ou d'un couscoussier. Presser le demi-citron.
- Faire chauffer 1 cuillère à café d'huile d'olive dans une poêle antiadhésive. Ajouter le fenouil. Saler, poivrer. Arroser avec le jus du demi-citron. Laisser étuver pendant 5 minutes à couvert sur feu doux. Retirer le fenouil et le réserver.
- Essuyer la poêle et y faire chauffer 1 cuillère à café d'huile d'olive. Cuire les noix de Saint-Jacques escalopées 1 minute sur chaque face. Saler, poivrer. Laver le basilic et le ciseler.
- Dresser les noix de Saint-Jacques sur une assiette chaude. Entourer de lamelles de fenouil et parsemer de basilic ciselé. Servir aussitôt.

Pamplemousse surprise

Coût : ●○○
Difficulté : ●○○
Préparation : 20 min
Pas de cuisson

Par personne : 4 P

Pour 1 personne
- 1 pamplemousse rose
- 1/2 avocat (60 g)
- 1 goutte de Tabasco
- 100 g de champignons de Paris
- 1 branche de cerfeuil
- 70 g de surimi
- 2 CS vinaigre
- 1 citron
- sel, poivre

- Couper le pamplemousse en 2 dans le sens de la largeur. À l'aide d'un couteau à pamplemousse, retirer délicatement la chair au-dessus d'un bol pour récupérer le jus. Détacher les tranches et ôter la membrane blanche.

Recettes pour
une personne

- Ouvrir l'avocat en 2. N'éplucher qu'une seule moitié. La couper en cubes et citronner légèrement (pour conserver l'autre moitié, laisser le noyau en place, citronner et emballer dans du film étirable).
- Retirer le bout terreux des champignons, les laver dans de l'eau vinaigrée. Les éponger dans du papier absorbant et les couper en lamelles.
- Couper le surimi en fines tranches. Laver le cerfeuil.
- Dans un saladier, mélanger les tranches de pamplemousse, les cubes d'avocat, les lamelles de champignons et de surimi. Saler, poivrer, ajouter le Tabasco et le jus de pamplemousse. Répartir ce mélange dans une des 2 coques de pamplemousse.
- Décorer avec le cerfeuil.

Carpaccio de fenouil

Coût : ●○○
Difficulté : ●○○
Préparation : 10 min
Pas de cuisson

Par personne : 3 P

Pour 1 personne
- 1 bulbe de fenouil
- 100 g de champignons de Paris
- 2 CS vinaigre
- 1 branche de cerfeuil
- 1/2 citron
- 30 g de parmesan
- sel, poivre

- Couper le fenouil en 4. Retirer les grosses feuilles extérieures. Détacher les plus fines et les passer rapidement sous l'eau. Couper le bout terreux des champignons et laver les têtes dans de l'eau vinaigrée. Les égoutter aussitôt.
- Laver le cerfeuil. Presser le demi-citron.
- Sur le plat de service, détailler le fenouil en fines lamelles, les champignons en fines tranches. Saler, poivrer.
- À l'aide d'un couteau économe, faire des lamelles de parmesan et les disposer sur les champignons.
- Arroser avec le jus de citron.
- Décorer avec le cerfeuil ciselé.

entrée

Tartare de cabillaud

Coût : ●○○
Difficulté : ●○○
Préparation : 10 min
Dégorgement : 1 h
Pas de cuisson

Pour 1 personne
- 1/2 concombre
- gros sel
- 1 tomate
- 100 g de cabillaud ultra-frais
- 1 citron
- 1 cc de sauce soja
- menthe fraîche
- poivre

Par personne : 1 1/2 P

- Éplucher le demi-concombre et le couper en fines tranches. Les mettre dans une passoire, recouvrir de gros sel et faire dégorger pendant 1 heure. Passé ce temps, rincer à l'eau fraîche et égoutter.
- Faire bouillir de l'eau dans une petite casserole. Plonger la tomate dans l'eau bouillante quelques secondes et l'éplucher. Hacher grossièrement le cabillaud.
- Presser le citron. Disposer les tranches de concombre en corolle dans l'assiette. Poser le tartare de cabillaud. Parsemer avec la tomate coupée en dés. Verser la sauce soja, le jus de citron et poivrer. Décorer avec la menthe fraîche et déguster immédiatement. La sauce soja étant salée, il est inutile d'ajouter du sel.

Caviar d'aubergines

Coût : ●○○
Difficulté : ●○○
Préparation : 15 min
Cuisson : 1 h
Réfrigération : 1 h

Pour 1 personne
- 1 belle aubergine
- 1 gousse d'ail
- 1/2 yaourt nature
- 1 cc d'huile de sésame
- 1 pincée de cumin en poudre
- sel, poivre

Par personne : 1 1/2 P

- Préchauffer le four à th. 6-7 (210 °C).
- Laver l'aubergine, l'essuyer et en piquer régulièrement la peau avec une fourchette. L'envelopper dans une feuille d'aluminium et l'en-

Recettes pour une personne — entrée

fourner. Procéder de la même façon avec la gousse d'ail. Laisser cuire 1 heure (contrôler la cuisson en piquant l'aubergine avec la lame d'un couteau).
- Couper l'aubergine en 2 dans le sens de la longueur et retirer la chair à l'aide d'une cuillère. Retirer la peau de la gousse d'ail. Écraser à la fourchette la chair de l'aubergine, l'ail et le demi-yaourt. Verser l'huile, saupoudrer de cumin, saler, poivrer et mélanger intimement l'ensemble.
- Mettre au frais pendant 1 heure avant de servir.

Recettes pour une personne — viande

Courgettes farcies

Coût : ●○○
Difficulté : ●○○
Préparation : 30 min
Cuisson : 1 h 05

Pour 1 personne
- 2 courgettes rondes
- 1/2 botte de persil
- 1 blanc de poulet de 130 g
- 20 g de parmesan râpé
- 1 œuf
- 1 cc d'huile d'olive
- sel, poivre

Par personne : 7 1/2 P

- Préchauffer le four à th. 5 (180 °C).
- Laver les courgettes, découper un chapeau aux 3/4 de leur hauteur, les cuire 5 minutes dans l'eau bouillante salée. Les rafraîchir immédiatement et les vider de leur chair sans percer la peau. Mettre les peaux à égoutter dans une passoire.
- Laver et hacher le persil. Hacher le poulet, le mélanger à la chair des courgettes avec le parmesan, le persil haché et l'œuf. Saler, poivrer.
- Remplir les courgettes de la farce, les poser dans un plat à four, les arroser d'huile et les enfourner. Cuire pendant 1 heure en arrosant régulièrement le dessus avec le jus de cuisson. Poser les chapeaux dans le plat au bout de 40 minutes de cuisson. Servir bien chaud après avoir recouvert chaque courgette d'un chapeau.

Recettes pour **une personne** ———————————————— **viande**

Brochette d'agneau aux poivrons

Coût : ●○○
Difficulté : ●○○
Préparation : 15 min
Cuisson : 17 min

Pour 1 personne
- 2 branches de thym frais
- 1 cc d'huile d'olive
- cumin
- 110 g d'épaule d'agneau en cubes
- 1/4 de poivron rouge
- 1/4 de poivron jaune
- 2 petites échalotes
- sel, poivre

Par personne : 6 1/2 P

- Allumer le gril du four.
- Émietter le thym. Le mélanger avec l'huile et le cumin. Ajouter les cubes d'agneau.
- Laver les poivrons, les épépiner. Les couper en carrés de 2 cm de côté. Les faire cuire pendant 5 minutes côté peau sous le gril du four. Retirer la peau.
- Peler les échalotes, les couper en 2. Alterner sur une brochette la viande, les échalotes et les poivrons. Saler, poivrer. Faire chauffer un gril sur la flamme et y cuire la brochette 6 minutes sur chaque face à feu vif. Servir bien chaud.

Blancs de dinde aux asperges

Coût : ●●○
Difficulté : ●●○
Préparation : 25 min
Cuisson : 20 min

Pour 1 personne
- 250 g d'asperges vertes
- 2 échalotes
- 1 cc d'huile
- 1 blanc de dinde épais de 130 g
- 12,5 cl de bouillon de volaille
- 2 CS rases de crème fraîche allégée à 15 %
- sel, poivre

Par personne : 4 P

- Passer les asperges sous l'eau froide. Les éplucher. Couper la pointe des asperges à 3 cm et le reste de la tige en rondelles. Porter 1 litre

Recettes pour **une personne** — viande

d'eau salée à ébullition et y plonger les asperges. Faire cuire pendant 5 minutes.
- Éplucher et hacher les échalotes. Verser l'huile dans une poêle et y faire revenir les échalotes.
- Détailler le blanc de dinde en 2 fines escalopes. Répartir sur l'une d'elle la moitié des pointes et des rondelles d'asperges ainsi que les échalotes. Recouvrir avec la deuxième escalope. Les envelopper dans du film étirable et bien fermer les « papillotes ». Faire bouillir le bouillon de volaille dans une casserole. Y pocher les escalopes pendant 10 minutes. Les retirer, ôter le film étirable et les réserver au chaud.
- Réduire le bouillon de moitié avant d'ajouter la crème et le reste des asperges. Faire mijoter 5 minutes et rectifier l'assaisonnement. Verser sur les escalopes de dinde. Servir.

Boulettes de lapin

Coût : ●○○
Difficulté : ●○○
Préparation : 30 min
Cuisson : 1 h

Par personne : 6 1/2 P

Pour 1 personne
- 1 râble de lapin de 180 g
- 1 échalote
- 4 branches d'estragon
- 1 œuf
- 1 pincée de cumin en poudre
- 1 cc de vinaigre de xérès
- 2 tomates bien mûres
- 1/2 oignon blanc
- 1 cc d'huile d'olive
- sel, poivre

- Désosser le râble en prenant garde de ne pas laisser de petits morceaux d'os accrochés à la chair. Peler l'échalote, la couper en 2, laver et effeuiller l'estragon. Mixer le tout, saler, poivrer, ajouter l'œuf et le cumin, mélanger. Réserver.
- Laver et couper les tomates en quartiers, peler et émincer l'oignon. Les mettre à cuire à feu doux dans l'huile d'olive et le vinaigre pendant 1 heure en remuant régulièrement. Mixer et passer dans un tamis.
- Pendant ce temps, former des boulettes avec le hachis, en tassant entre les paumes de la main. Les déposer dans le panier d'un cuit-vapeur et les cuire pendant 30 minutes. Servir bien chaud accompagné de la purée de tomates.

Recettes pour
une personne ──────────────────────── viande

Lasagnes farcies au poulet

Coût : ●○○
Difficulté : ●○○
Préparation : 15 min
Cuisson : 45 min

Pour 1 personne
- 1 échalote
- 1 cc d'huile d'olive
- quelques branches de persil
- 1 blanc de poulet de 130 g
- 3 feuilles de lasagnes toutes prêtes (40 g)
- 10 cl de coulis de tomates
- 30 g de gruyère râpé allégé
- sel, poivre

Par personne : 7 1/2 P

- Préchauffer le four à th. 5 (180 °C).
- Peler l'échalote, la faire revenir avec 1/2 cuillère à café d'huile d'olive pendant 3 minutes. Réserver. Laver, égoutter et essuyer le persil, l'effeuiller. Hacher ensemble le poulet, l'échalote et le persil. Saler et poivrer le mélange. Cuire les feuilles de lasagnes (comme indiqué sur l'emballage), les égoutter.
- Huiler un petit plat à four de même taille que les lasagnes, déposer 1 feuille au fond, couvrir avec la moitié du hachis, poser la deuxième lasagne, couvrir de l'autre moitié de farce, recouvrir de la dernière lasagne. Arroser avec le coulis de tomates, saler, poivrer. Parsemer de gruyère râpé. Enfourner et cuire pendant 30 minutes. Servir bien chaud.

Recettes pour
une personne ──────────────────────── poisson

Bar en papillote au fenouil

Coût : ●●○
Difficulté : ●○○
Préparation : 10 min
Cuisson : 25 min

Pour 1 personne
- 1/2 bouquet d'aneth
- 1 bar portion (300 g) vidé, écaillé
- gros sel
- poivre
- 1 échalote
- 1 bulbe de fenouil
- 1 citron
- 1 cc d'huile d'olive

Par personne : 3 1/2 P

Recettes pour **une personne** — *poisson*

- Préchauffer le four à th. 6-7 (210 °C).
- Laver et égoutter l'aneth. Saler au gros sel et poivrer le bar, le farcir d'aneth. Peler et hacher l'échalote. Couper le trognon du fenouil ainsi que le bout des branches, le couper en fines lamelles dans le sens de la longueur. Les cuire pendant 5 minutes à la vapeur.
- Étaler une feuille de papier sulfurisé, poser au centre les lamelles de fenouil et l'échalote. Poser le bar dessus. Citronner. Refermer la papillote bien hermétiquement.
- Enfourner. Cuire pendant 20 minutes.
- Servir avec un filet d'huile d'olive.

Filet d'empereur au pamplemousse

Coût : ●○○
Difficulté : ●○○
Préparation : 10 min
Cuisson : 10 min
Infusion : 1 h

Par personne : 2 P

Pour 1 personne
- 1 pamplemousse rose non traité
- 1 pamplemousse jaune non traité
- 1 tablette de bouillon de poisson
- 1 filet d'empereur de 140 g
- sel, poivre

- Laver les pamplemousses. Prélever les zestes à l'aide d'un couteau économe avant de presser les pamplemousses pour en recueillir le jus. Ne presser qu'un demi-pamplemousse à chaque fois. Verser le jus dans une casserole, ajouter les zestes. Porter à ébullition. Retirer du feu, couvrir et laisser infuser 1 heure.
- Verser 50 cl d'eau dans une casserole, ajouter le cube de bouillon de poisson. Porter à ébullition. Retirer du feu et y plonger le filet d'empereur. Laisser pocher pendant 10 minutes.
- Retirer le filet délicatement à l'aide d'une écumoire. Le poser sur le plat de service chaud. Saler, poivrer et napper avec le jus des pamplemousses filtré à travers un chinois.
- Décorer avec les zestes et servir.

Recettes pour
une personne

Colin aux herbes

Coût : ●○○
Difficulté : ●○○
Préparation : 15 min
Cuisson : 5 à 10 min

Pour 1 personne
- 20 g de beurre allégé
- 1 branche d'estragon
- 1 branche de persil plat
- 1 branche de persil frisé
- 1/2 citron
- 1 CS de moutarde verte
- 1 goutte de Tabasco
- 1/2 cc de sauce Worcestershire
- 140 g de filet de colin
- sel, poivre

Par personne : 3 1/2 P

- Sortir le beurre à l'avance pour qu'il soit bien mou. Laver les herbes, les équeuter. Bien les essuyer dans un linge propre. Presser le demi-citron.
- Mixer le beurre avec les herbes. Assaisonner avec la moutarde, le Tabasco, la sauce Worcestershire et le jus de citron.
- Déposer le filet de colin dans le panier d'un cuit-vapeur et étaler le beurre d'herbes dessus. Rouler le filet sur lui-même et fermer à l'aide d'un petit bâtonnet en bois. Saler et poivrer.
- Faire cuire à la vapeur pendant 5 à 10 minutes selon la grosseur du filet de colin.

Choucroute au haddock

Coût : ●○○
Difficulté : ●○○
Préparation : 15 min
Cuisson : 1 h 30

Pour 1 personne
- 250 g de choucroute crue
- 1 cube de bouillon de poisson
- 1/2 cc de graines de cumin
- 1/2 cc de graines de coriandre
- 1/2 cc de poivre blanc en grains
- 1 feuille de laurier
- 1 cc d'huile d'arachide
- 15 cl de riesling
- 120 g de filet de haddock
- 1 clou de girofle
- 2 échalotes
- 25 cl de lait
- sel

Par personne : 3 P

- Préchauffer le four à th. 6 (200 °C).
- Rincer la choucroute à 2 ou 3 reprises à l'eau froide. L'égoutter et bien la presser pour en exprimer le maximum d'eau. Faire bouillir 20 cl d'eau et y plonger le cube de bouillon de poisson. Envelopper les graines de cumin, de coriandre, de poivre, le clou de girofle et le laurier dans une gaze et bien la ficeler en forme d'aumônière.
- Peler et hacher les échalotes. Verser l'huile dans une cocotte et y faire revenir les échalotes. Verser le vin blanc, ajouter la choucroute. Mélanger pour bien répartir la choucroute dans la cocotte. Ajouter le bouillon de poisson, l'aumônière d'aromates et le sel. Couvrir la cocotte et faire cuire pendant 1 heure 30.
- Pendant ce temps, faire tremper le filet de haddock dans le lait. 20 minutes avant la fin de la cuisson de la choucroute, déposer le filet de haddock égoutté sur la choucroute et terminer la cuisson.

Blanquette de saumonette

Coût : ●○○
Difficulté : ●●○
Préparation : 30 min
Cuisson : 20 min

Par personne : 7 1/2 P

Pour 1 personne
- 250 g de moules
- 125 g de champignons de Paris
- 2 CS de vinaigre
- 1 brin de persil plat
- 15 cl de vin blanc
- 1 feuille de laurier
- 180 g de saumonette
- 2 cc de margarine allégée à 60 %
- 1 échalote
- 1 citron
- 1 cc d'huile
- 1 brin de thym
- 1 cc de farine
- 1 jaune d'œuf
- sel, poivre

- Gratter les moules rapidement sous l'eau froide sans les faire tremper. Éplucher et hacher l'échalote. Retirer le bout terreux des champignons, laver les têtes à l'eau vinaigrée et les essuyer. Puis les couper en lamelles. Presser le citron et citronner les champignons pour éviter qu'ils noircissent. Laver le persil.
- Verser l'huile dans une sauteuse et y faire revenir l'échalote, verser le vin blanc, les moules, le thym, le laurier, saler et poivrer. Faire cuire 3 minutes en remuant jusqu'à ce que toutes les moules s'ouvrent. Filtrer le jus de cuisson au-dessus d'une casserole. Décortiquer les moules et les réserver.

Recettes pour
une personne

- Couper la saumonette en tronçons et les mettre dans la casserole contenant le jus de cuisson des moules. Ajouter un peu d'eau si nécessaire, les faire pocher 10 minutes. Sortir les tronçons de saumonette et les garder au chaud.
- Faire fondre la margarine dans une petite casserole et verser la farine. Bien mélanger, verser 2 cuillères à soupe du bouillon de cuisson de la saumonette. Remuer jusqu'à ébullition. Verser les champignons et faire mijoter 10 minutes. Ajouter le jaune d'œuf. Mélanger. Dresser la saumonette sur l'assiette avec les moules et napper avec la sauce. Décorer avec le persil ciselé.

Dorade aux épinards

Coût : ●●○
Difficulté : ●○○
Préparation : 30 min
Cuisson : 30 min

Par personne : 3 1/2 P

Pour 1 personne
- 1 dorade portion (450 g)
- 1 gousse d'ail
- 2 échalotes
- 2 petites tomates
- 250 g d'épinards
- 1 cc d'huile d'olive
- sel, poivre

- Préchauffer le four à th. 7 (220 °C).
- Demander au poissonnier d'écailler la dorade, de la vider par le dos sans ouvrir le ventre et de retirer l'arête. Peler la gousse d'ail et les échalotes. Les émincer. Plonger les tomates quelques secondes dans de l'eau bouillante, les peler, les épépiner et les concasser. Laver les épinards. Les blanchir 5 minutes dans de l'eau bouillante salée. Les égoutter et enlever le maximum d'eau en les pressant bien entre les mains.
- Verser l'huile dans une sauteuse, ajouter l'ail, les échalotes, les épinards et les tomates. Les faire revenir 15 minutes. Saler et poivrer l'intérieur de la dorade. La farcir avec les épinards, fermer l'ouverture à l'aide d'une pique en bois. Disposer le reste des légumes dans un plat allant au four. Poser la dorade dessus, baisser le four à th. 5 (180 °C) et faire cuire à four moyen pendant 10 minutes. Servir bien chaud.

poisson

Lieu en papillote

Coût : ●○○
Difficulté : ●○○
Préparation : 10 min
Cuisson : 5 à 10 min

Pour 1 personne
- 1 tomate
- 1 échalote
- 1 brin d'aneth
- 1/2 citron vert
- 1 filet de lieu de 140 g
- 1/2 cc d'huile d'olive
- sel, poivre

Par personne : 2 1/2 P

- Préchauffer le four à th. 7 (220 °C).
- Plonger la tomate quelques secondes dans de l'eau bouillante. La passer sous l'eau froide et la peler, la couper en 2 et l'épépiner. Éplucher l'échalote. Laver l'aneth. Presser le citron.
- Hacher grossièrement l'échalote, la tomate et le brin d'aneth. Déposer le filet de lieu sur une feuille de papier sulfurisé légèrement huilée à l'aide d'un pinceau. Verser le hachis sur le filet, saler, poivrer, arroser avec le jus de citron. Remonter le papier au-dessus sans serrer pour que la vapeur gonfle la papillote et bien la fermer en roulant les bords.
- Faire cuire à four chaud pendant 5 à 10 minutes selon l'épaisseur du filet.

Parmentier de cabillaud

Coût : ●○○
Difficulté : ●○○
Préparation : 10 min
Cuisson : 35 min

Pour 1 personne
- 2 pommes de terre moyennes
- 1 gousse d'ail
- 1/2 citron
- 140 g de filet de cabillaud
- 2 cc d'huile d'olive
- 1 CS de persil plat ciselé
- sel, poivre

Par personne : 6 P

- Éplucher les pommes de terre. Les couper en gros cubes. Les faire cuire 20 minutes à l'eau bouillante salée. Peler la gousse d'ail. Presser le demi-citron.

- Saler et poivrer le filet de cabillaud. L'arroser de jus de citron. Le faire cuire 10 minutes dans le panier d'un cuit-vapeur (ou 3 minutes au four à micro-ondes à puissance maximale dans un plat couvert).
- Allumer le gril du four. Égoutter les pommes de terre. Les écraser à la fourchette en y incorporant l'ail pressé, l'huile d'olive et le persil ciselé. Saler et poivrer.
- Mettre le cabillaud égoutté dans un petit plat à œuf. Recouvrir de purée.
- Passer 5 minutes sous le gril pour faire gratiner et servir.

Sole meunière au curry

Coût : ●●●
Difficulté : ●○○
Préparation : 10 min
Cuisson : 10 min

Pour 1 personne
- 1 sole vidée (270 g environ)
- 1 gousse d'ail
- 1 cc de curry
- 1 cc de ciboulette hachée
- 1 cc de yaourt à 0 %
- 1 citron vert
- 1 cc de farine
- 1 cc d'huile de tournesol

Par personne : 2 1/2 P

- Passer la sole sous l'eau fraîche, puis l'éponger dans du papier absorbant. Peler la gousse d'ail et l'émincer. Mélanger la moitié du curry, l'ail, la ciboulette et le yaourt. Farcir la sole de ce mélange et fermer l'ouverture à l'aide d'une pique en bois.
- Laver le citron sous l'eau chaude, le couper en fines rondelles. Mélanger la farine et le reste du curry, répartir ce mélange sur les 2 faces de la sole.
- Faire chauffer l'huile dans une poêle antiadhésive et cuire le poisson 5 minutes sur chaque face.
- Servir entouré des rondelles de citron.
- Accompagner d'une poêlée de carottes, ou de brocolis et de riz sauvage (à comptabiliser).

Recettes pour **une personne**

Artichauts aux œufs pochés

Coût : ●○○
Difficulté : ●●●
Préparation : 15 min
Cuisson : 20 min

Par personne : 6 P

Pour 1 personne
- 2 fonds d'artichauts (surgelés)
- 3 CS de vinaigre
- 2 œufs très frais
- 2 cc de crème fraîche allégée à 15 %
- 20 g de gruyère râpé
- sel, poivre

- Cuire les fonds d'artichauts pendant 15 minutes à l'eau bouillante salée, puis les égoutter.
- Allumer le gril du four.
- Porter à ébullition 1 litre d'eau additionnée de vinaigre. Casser délicatement les œufs dans 2 tasses, puis les cuire dans l'eau bouillante pendant 3 à 4 minutes, selon le degré de cuisson désiré. Les ôter avec une écumoire en veillant bien à ne pas percer le jaune et les égoutter sur du papier absorbant.
- Mettre 1 cuillère à café de crème et 1 œuf sur chaque fond d'artichaut. Saler et poivrer, puis parsemer de gruyère râpé. Passer 3 minutes sous le gril, juste le temps de faire fondre le fromage. Servir bien chaud.

Tomates farcies au tofu

Coût : ●○○
Difficulté : ●○○
Préparation : 15 min
Pas de cuisson

Par personne : 2 1/2 P

Pour 1 personne
- 2 petites tomates
- 60 g de tofu
- 1/2 poivron rouge
- 1 cc d'huile d'olive
- 2 cc de vinaigre
- 1 cc de moutarde forte
- persil
- 1 gousse d'ail
- 1 petit oignon
- 2 cc de sauce soja
- sel, poivre

- Laver les tomates, couper la partie supérieure et les évider dans un bol à l'aide d'une petite cuillère. Saler l'intérieur des tomates et les laisser dégorger en les retournant dans une passoire. Couper la chair en dés.

œuf et tofu

- Couper le tofu en dés, ainsi que le demi-poivron. Laver le persil. Peler l'ail et l'oignon. Les hacher avec le persil. Mélanger la chair des tomates, les dés de tofu et de poivron avec le hachis ail-oignon-persil. Saler légèrement et poivrer, remplir les tomates évidées de ce mélange.
- Fouetter l'huile d'olive, le vinaigre, la moutarde et la sauce soja, et répartir le mélange dans les 2 tomates.
- Couvrir avec les chapeaux. Servir frais.
- Ce plat peut être préparé la veille.

Recettes pour
une personne — **accompagnement**

Céleri au cottage cheese

Coût : ●○○
Difficulté : ●○○
Préparation : 20 min
Pas de cuisson
Réfrigération : 30 min

Par personne : 2 1/2 P

Pour 1 personne
- 200 g de cœur de céleri-rave
- 1 citron
- 100 g de cottage cheese
- 1 cc de moutarde
- 5 tomates cerises
- 2 olives noires ou 5 vertes
- 1 cc de câpres
- sel, poivre

- Laver le céleri, puis l'émincer assez finement. Disposer sur une assiette. Presser le citron. Mélanger le cottage cheese, la moutarde et 2 cuillères à café de jus de citron. Saler et poivrer. Verser sur le céleri et mélanger.
- Couper les tomates en 2, ainsi que les olives. Répartir tomates, olives et câpres sur le céleri.
- Placer au moins 30 minutes au réfrigérateur et servir très frais en accompagnement d'une grillade (à comptabiliser).

Recettes pour
une personne ──────────────────────── **accompagnement**

Semoule aux légumes

Coût : ●○○
Difficulté : ●○○
Préparation : 20 min
Cuisson : 50 min

Pour 1 personne
- 1 cube de bouillon de poule
- 1 cc de ras el hanout (épice à couscous)
- 2 carottes
- 1 navet
- 1 courgette
- 1 oignon
- 1 gousse d'ail
- 60 g de semoule de couscous précuite
- 20 g de beurre allégé
- harissa, sel

Par personne : 4 P

- Verser 1 litre d'eau dans un couscoussier, ajouter le cube de bouillon de poule, le ras el hanout et du sel. Porter à ébullition.
- Pendant ce temps, éplucher les carottes, le navet, la courgette. Les laver et les couper en morceaux réguliers. Peler l'oignon et le couper en rondelles. Peler la gousse d'ail et l'écraser. Verser l'oignon, l'ail et les morceaux de carottes et de navet dans le couscoussier et faire cuire pendant 30 minutes. Ajouter les morceaux de courgette et poursuivre la cuisson encore 15 minutes.
- Préparer la semoule comme indiqué sur le paquet. La verser dans le panier du couscoussier, ajouter le beurre, égrener la semoule avec une fourchette et faire encore cuire 5 minutes. Servir les légumes avec le bouillon et la harissa à part.

Flageolets aux tomates

Coût : ●○○
Difficulté : ●○○
Préparation : 15 min
Cuisson : 1 h 30

Pour 1 personne
- 60 g de flageolets secs
- 1 oignon
- 1 clou de girofle
- bouquet garni
- 1 cube de bouillon
- 3 échalotes
- 2 tomates
- 100 g de dos de jambon dégraissé
- 1 cc d'huile
- 1 CS de vinaigre de vin vieux
- 1/2 cc de moutarde
- sel, poivre

Par personne : 6 P

Recettes pour **une personne** — **accompagnement**

- Verser les flageolets dans une cocotte. Peler l'oignon, le piquer du clou de girofle et l'ajouter aux flageolets avec le bouquet garni, le cube de bouillon et le poivre. Verser de l'eau à hauteur. Elle doit juste recouvrir les flageolets. Cuire pendant 1 heure à feu doux. Saler les flageolets, 30 minutes avant la fin de la cuisson. Éplucher et hacher les échalotes. Couper les tomates en quartiers et les épépiner. Couper le jambon en gros dés.
- Verser l'huile dans une sauteuse antiadhésive et y faire revenir les échalotes quelques minutes. Ajouter les dés de jambon et les quartiers de tomates, verser le vinaigre, saler, poivrer. Couvrir et faire cuire pendant 15 minutes à feu doux.
- Égoutter les flageolets et les verser dans la sauteuse. Faire mijoter 10 minutes avant d'ajouter la moutarde. Servir chaud.

Orge aux champignons sauvages

Coût : ●●○
Difficulté : ●○○
Préparation : 10 min
Cuisson : 30 min

Par personne : 4 P

Pour 1 personne
- 100 g de champignons sauvages
- 1/2 cube de bouillon aux épices
- 1 cc de margarine
- 40 g d'orge
- 1 cc de ciboulette
- sel, poivre
- vinaigre
- 1 échalote

- Couper le bout terreux des champignons et les laver dans plusieurs eaux. Terminer par de l'eau vinaigrée. Les égoutter et les sécher dans un linge propre. Les couper en lamelles et les verser dans une sauteuse antiadhésive ou recouverte d'une feuille de cuisson. Saler, poivrer et les faire revenir pendant 10 minutes. Couvrir et laisser étuver pendant 5 minutes.
- Mettre le cube aux épices dans 10 cl d'eau et porter à ébullition. Peler l'échalote et la hacher. Faire fondre la margarine dans une casserole, ajouter l'échalote hachée et la faire revenir rapidement avant de verser l'orge. Ajouter les champignons avec leur sauce et le bouillon. Couvrir et faire cuire pendant 15 minutes à feu doux. Parsemer de ciboulette au moment de servir

Recettes pour **une personne** — **accompagnement**

Pilaf de blé

Coût : ●○○
Difficulté : ●○○
Préparation : 30 min
Cuisson : 30 min

Par personne : 4 P

Pour 1 personne
- 1 oignon
- 1 gousse d'ail
- 1 pomme
- 1 cc d'huile d'arachide
- 1 cc de margarine végétale allégée à 40 %
- 50 g de blé
- 1 pincée de curry
- sel
- 1 tranche d'ananas frais

- Peler l'oignon et la gousse d'ail. Les hacher. Éplucher la pomme et la râper. Faire chauffer 25 cl d'eau.
- Verser l'huile dans une cocotte et y faire revenir l'oignon, l'ail et la pomme pendant 5 minutes. Ajouter le blé, du sel et le curry. Bien mélanger afin de bien enrober le tout d'huile. Verser l'eau bouillante. Couvrir et faire cuire à feu doux pendant 20 minutes.
- Quelques minutes avant la fin de la cuisson, couper l'ananas en cubes et les faire revenir rapidement à la poêle dans la margarine juste pour les faire légèrement dorer. Servir le pilaf entouré des cubes d'ananas.

Risotto d'épeautre

Coût : ●○○
Difficulté : ●○○
Préparation : 10 min
Cuisson : 45 min

Par personne : 5 1/2 P

Pour 1 personne
- 1 courgette
- 1 carotte
- 1 navet
- 1 cc d'huile d'arachide
- 1/2 cube de bouillon aux herbes
- 1 tomate
- 60 g de tofu
- sel, poivre
- 40 g d'épeautre précuit

- Éplucher et laver la courgette, la carotte, le navet et la tomate. Couper la carotte et la courgette en bâtonnets, le navet en rondelles et la tomate épépinée en 4.
- Faire chauffer l'huile dans une sauteuse et y faire revenir les légumes rapidement. Verser l'épeautre et recouvrir d'eau bouillante, ajouter le demi-cube de bouillon. Saler, poivrer. Couvrir et faire cuire à feu doux pendant 40 minutes. Ajouter le tofu coupé en morceaux 5 minutes avant la fin de la cuisson. Servir.

Recettes pour
une personne

Pommes de terre au beurre de noisettes

Coût : ●○○
Difficulté : ●○○
Préparation : 15 min
Cuisson : 10 min
Repos : 4 min

Par personne : 5 1/2 P

Pour 1 personne
- 250 g de pommes de terre à chair ferme (Charlotte)
- sel de Guérande
- poivre
- 10 g de noisettes
- 2 cc de margarine allégée à 60 %

- Éplucher les pommes de terre et les laver. Les couper en tranches très fines et les essuyer dans du papier absorbant. Les étaler, en les superposant légèrement, sur une assiette résistant à la chaleur. Saupoudrer d'une pincée de sel de Guérande et de poivre. Couvrir de film étirable, percer de quelques petits trous et cuire au four à micro-ondes pendant 8 minutes. Laisser reposer 4 minutes.
- Concasser les noisettes et les faire griller à sec dans une poêle anti-adhésive pendant 2 à 3 minutes en remuant. Laisser tiédir.
- Mettre la margarine allégée dans une tasse. La travailler avec une petite fourchette. Ajouter les noisettes, bien amalgamer et étaler sur les pommes de terre tièdes.
- Servir aussitôt.

Galettes de polenta aux tomates

Coût : ●○○
Difficulté : ●○○
Préparation : 10 min
Cuisson : 25 min

Par personne : 5 P

Pour 1 personne
- 20 cl de lait écrémé
- 40 g de polenta
- 20 g de parmesan
- 2 tomates moyennes bien mûres
- quelques feuilles de basilic
- sel, poivre

- Porter le lait à ébullition. Ajouter la polenta en pluie et laisser cuire 5 minutes, en remuant sans arrêt. Saler, poivrer, ajouter le parmesan, mélanger et laisser refroidir.

accompagnement

- Couper les tomates en 2. Ôter le surplus de jus et les graines. Laver le basilic.
- Faire chauffer une poêle antiadhésive ou recouverte d'une feuille de cuisson. Ajouter les demi-tomates et les cuire pendant 15 minutes, en les retournant à mi-cuisson.
- Former des galettes avec la polenta refroidie, les déposer dans la poêle et laisser tiédir pendant 5 minutes à feu doux. Servir chaud, décoré de quelques feuilles de basilic.

Recettes pour
une personne

dessert

Pamplemousse rôti

Coût : ●○○
Difficulté : ●○○
Préparation : 10 min
Cuisson : 10 min
Par personne : 1/2 P

Pour 1 personne
- 1 gros pamplemousse
- 1 cc de miel toutes fleurs
- 1 branche de thym frais

- Allumer le gril du four.
- Couper le pamplemousse en 2 dans le sens de la hauteur, le vider à l'aide d'un couteau à pamplemousse, retirer toutes les membranes en veillant à ne pas percer l'écorce.
- Couper la pulpe en dés et les mélanger avec le miel et les feuilles de thym. Remplir les 2 moitiés de pamplemousse évidées avec le mélange et les mettre à gratiner sous le gril du four pendant 10 minutes.

Papillote d'ananas à la vanille

Coût : ●○○
Difficulté : ●○○
Préparation : 10 min
Cuisson : 15 min
Par personne : 1 1/2 P

Pour 1 personne
- 1/4 d'ananas
- 1 gousse de vanille
- 1 CS de miel liquide

Recettes pour
une personne

- Préchauffer le four à th. 5 (180 °C).
- Peler et couper l'ananas en cubes. Les déposer sur un grand carré de feuille d'aluminium.
- Fendre la gousse de vanille en 2 dans la longueur, gratter les graines de la pointe d'un couteau et les déposer sur les morceaux d'ananas.
- Couvrir le tout de miel et fermer la papillote. Enfourner et faire cuire pendant 15 minutes.

Poire au caramel

Coût : ●○○
Difficulté : ●○○
Préparation : 5 min
Cuisson : 25 min

Par personne : 1 P

Pour 1 personne
- 1 poire à chair ferme
- 1/2 citron
- 1/2 gousse de vanille
- 1 CS de sucre en poudre
- 1 petit bâton de cannelle

- Peler la poire, la citronner avec le demi-citron pour qu'elle ne noircisse pas. Fendre la gousse de vanille en 2. Dans une casserole, verser 30 cl d'eau, ajouter le sucre, la demi-gousse de vanille fendue et la cannelle. Porter à ébullition. Plonger la poire dans le mélange, la laisser cuire pendant 15 minutes en maintenant une petite ébullition. Retirer la poire, la réserver.
- Faire réduire le bouillon de cuisson jusqu'à obtention d'un caramel liquide. Retirer la vanille et la cannelle. Servir la poire nappée de caramel.

Flan aux pommes

Coût : ●○○
Difficulté : ●○○
Préparation : 10 min
Cuisson : 20 min

Par personne : 2 P

Pour 1 personne
- 1/2 citron
- 5 g de fécule de pomme de terre
- 2 pommes Granny Smith
- 1 œuf
- 1 CS d'édulcorant de cuisson en poudre

Pour le coulis :
- 100 g de framboises fraîches ou surgelées
- 2 CS d'édulcorant de cuisson en poudre

dessert

- Préchauffer le four à th. 3-4 (150 °C).
- Si les framboises sont surgelées, les faire décongeler pour les avoir à température pour préparer le coulis.
- Presser le demi-citron. Dans un bol, délayer la fécule dans le jus de citron. Éplucher les pommes, enlever le cœur. Les couper en morceaux, les mixer et les verser dans le bol. Mélanger.
- Dans un saladier, mélanger l'œuf entier avec l'édulcorant. Ajouter la purée de pommes. Mélanger et verser dans un moule antiadhésif. Faire cuire au bain-marie à four doux pendant 20 minutes.
- Préparer le coulis : mixer les framboises avec l'édulcorant. Sortir le moule du four. Laisser refroidir avant de démouler et napper avec le coulis.

Salade de semoule aux fruits

Coût : ●○○
Difficulté : ●○○
Préparation : 15 min
Cuisson : 5 min
Gonflage de la semoule : 15 min
Réfrigération : 2 h

Par personne : 7 1/2 P

Pour 1 personne
- 100 g de semoule de couscous précuite
- 10 g d'amandes
- 5 g de pignons de pin
- 250 g de fruits rouges (fraises, framboises)
- 1 citron
- 4 feuilles de menthe fraîche

- Faire tremper la semoule dans de l'eau froide pendant 15 minutes. Égoutter et attendre qu'elle soit sèche. Dans une poêle antiadhésive, faire griller à vif les amandes et les pignons.
- Laver les fraises, les équeuter et les couper en 2. Passer rapidement les framboises sous un jet d'eau froide très doux. Éponger délicatement les fruits dans du papier absorbant. Presser le citron.
- Verser la semoule dans un saladier, ajouter les fraises coupées en 2, les framboises entières et arroser avec le jus de citron. Bien mélanger avant d'ajouter les amandes et les pignons.
- Mettre 2 heures au réfrigérateur.
- Décorer avec la menthe fraîche au moment de servir.

Recettes pour **une personne** — **dessert**

Dessert à la rhubarbe

Coût : ●○○
Difficulté : ●●○
Préparation : 10 min
Cuisson : 25 min

Par personne : 3 1/2 P

Pour 1 personne
- 1 cc de miel
- 1 cc de cannelle
- 1 pincée de gingembre moulu
- 150 g de rhubarbe
- 5 cl de crème fraîche allégée à 15 %

- Préparer le sirop en versant 5 cl d'eau, le miel et les épices dans une casserole. Faire chauffer 10 minutes.
- Retirer la fine pellicule qui recouvre la rhubarbe et couper les tiges en petits tronçons. Les verser dans le sirop et faire cuire pendant 15 minutes.
- Égoutter au besoin et servir tiède avec la crème fraîche.

Crumble aux fruits rouges

Coût : ●●○
Difficulté : ●○○
Préparation : 20 min
Réfrigération : 30 min
Cuisson : 30 min

Par personne : 7 P

Pour 1 personne
- 40 g de beurre allégé à 40 %
- 1 pincée de sel
- 40 g de farine
- 1 CS de fructose
- 200 g de mélange de fruits rouges frais

- Préchauffer le four à th. 5 (180 °C).
- Sortir le beurre à l'avance pour le ramollir. Travailler le beurre mou en pommade, ajouter le sel, la farine et le fructose. Mélanger du bout des doigts rapidement pour obtenir une pâte grumeleuse.
- Mettre au frais 30 minutes.
- Laver les fruits, les équeuter ou les égrapper selon les espèces. Les poser dans un petit plat à gratin, les couvrir de pâte en l'effritant du bout des doigts pour conserver sa texture.
- Enfourner et cuire pendant 30 minutes.

Recettes pour **une personne** — **dessert**

Pomme au pain d'épice

Coût : ●○○
Difficulté : ●○○
Préparation : 15 min
Cuisson : 20 min

Par personne : 4 1/2 P

Pour 1 personne
- 1 pomme fondante (Melrose, Boskoop, Canada)
- 3 CS de lait demi-écrémé (5 cl)
- 1 jaune d'œuf
- 1 pincée de cannelle en poudre
- 2 tranches de pain d'épice (40 g)
- édulcorant en poudre (facultatif)

- Préchauffer le four à th. 5 (180 °C).
- Éplucher la pomme et la couper en fines tranches. Ranger les tranches dans un plat à gratin individuel. Battre le lait avec le jaune d'œuf. Ajouter une pincée de cannelle.
- Émietter le pain d'épice sur les tranches de pomme, puis verser le mélange œuf-lait. Cuire au four pendant 20 minutes. Servir tiède, saupoudré d'édulcorant selon le goût.

Pomme farcie

Coût : ●●○
Difficulté : ●○○
Préparation : 30 min
Cuisson : 25 min

Par personne : 3 P

Pour 1 personne
- 3 figues sèches
- 5 raisins secs (de Smyrne)
- 1 grosse pomme (Gala ou Boskoop)
- 1 pincée de cannelle (facultatif)
- 5 cl de jus de pomme
- 1 cc de beurre

- Réhydrater les figues dans le jus de pomme pendant 30 minutes.
- Pendant ce temps, bien laver la pomme. L'essuyer avec un linge propre. À l'aide d'un couteau, couper un couvercle sur le haut de la pomme et l'évider à l'aide d'une cuillère ou d'un vide-pomme.
- Préchauffer le four à th. 4 (160 °C).
- Égoutter les figues et garder le jus de pomme. Les hacher grossièrement avec les raisins secs et en farcir la pomme.
- Disposer la pomme dans un plat à four, déposer le beurre, saupoudrer de cannelle, verser le jus de pomme et faire cuire à four doux pendant 25 minutes.

Recettes
végé

Sortez un peu de l'alternative classique viande/poisson : pensez aux recettes exclusivement à base de légumes. En voici quelques-unes particulièrement adaptées à votre régime amaigrissant.

tariennes

 **Recettes végétariennes** — **buffet**

Amuse-bouche du jardinier

Coût : ●●○
Difficulté : ●○○
Préparation : 15 min
Pas de cuisson

Pour 4 personnes
- 1 petit oignon blanc
- 150 g de champignons de Paris
- 50 g de pois gourmands jeunes
- 1 botte de ciboulette
- 1 petit-suisse à 40 %
- 8 cc de tapenade
- 8 radis roses
- sel, poivre

Par personne : 2 1/2 P

- Peler et hacher l'oignon. Retirer les pieds des champignons et laver les chapeaux. Laver et égoutter les pois gourmands. Ciseler finement la ciboulette jusqu'à obtenir l'équivalent de 2 cuillères à soupe.
- Mélanger le petit-suisse avec la ciboulette et l'oignon, saler et poivrer. Remplir les chapeaux de champignons de cette farce.
- Ouvrir les pois gourmands en 2 en incisant le côté courbe avec la pointe d'un couteau. Les farcir de tapenade.
- Laver les radis et les tailler en forme de fleur. En décorer les petits légumes farcis disposés sur un plateau.
- Pour être mangés crus, les pois gourmands doivent être jeunes et frais, sinon les cuire pendant 2 minutes dans l'eau bouillante salée avant de les farcir.

Recettes **végétariennes** — petit déjeuner

Petit déjeuner douceur

Coût : ●○○
Difficulté : ●○○
Préparation : 10 min
Cuisson : 25 min

Par personne : 2 1/2 P

Pour 4 personnes
- 4 cm de gingembre frais
- 4 mandarines
- 1 gousse de vanille
- 30 g d'amandes fraîches
- 2 œufs
- 20 g de fécule
- 20 cl de lait écrémé

- Préchauffer le four à th. 5 (180 °C).
- Peler et émincer le gingembre. Laver soigneusement les mandarines. Les couper, sans les peler, en tranches épaisses. Les mettre dans une casserole, couvrir d'eau. Ajouter la gousse de vanille fendue en 2 et le gingembre. Porter à ébullition.
- Pendant ce temps, peler et décortiquer les amandes. Les ajouter dans la casserole, laisser réduire complètement, confire pendant 15 minutes. Prélever les amandes à l'aide d'une écumoire et les concasser grossièrement. Retirer la vanille.
- Dans une grande jatte, fouetter les œufs, incorporer la fécule et verser peu à peu le lait sans cesser de fouetter jusqu'à obtenir un mélange parfaitement homogène. Ajouter les amandes.
- Ranger les tranches de mandarines dans un plat allant au four. Verser le mélange aux amandes par-dessus. Enfourner, laisser cuire pendant 8 à 10 minutes.
- Servir tiède ou froid avec du café ou du thé.

Recettes végétariennes ———————————————— **collation**

Golden tea

Coût : ●○○
Difficulté : ●○○
Préparation : 20 min
Cuisson : 25 min

Pour 4 personnes
- 30 g de rhubarbe
- 1 citron
- 4 pommes Golden
- 2 petites bananes
- 1 petit ananas de la Réunion (Victoria)
- 20 g de framboises
- noix muscade
- édulcorant (quantité selon le goût)
- 10 g de noix de coco en poudre

Par personne : 1 P

- Préchauffer le four à th. 3-4 (150 °C).
- Laver et défilandrer la rhubarbe, la couper en petits tronçons, les faire blanchir dans de l'eau bouillante pour bien les ramollir. Égoutter. Presser le citron.
- Laver soigneusement les pommes, couper un chapeau à l'aide d'un couteau bien aiguisé. Enlever le cœur et les pépins à l'aide d'un vide-pomme, les évider. Arroser l'intérieur de jus de citron. Les ranger dans un plat allant au four.
- Peler les bananes. Couper l'ananas en 4, enlever le cœur et prélever la chair, la hacher au couteau avec la chair des pommes et de la banane. Laver rapidement les framboises. Mettre tous les fruits dans une casserole. Râper dessus un peu de noix muscade. Faire fondre ce mélange sur feu doux pendant 10 minutes en remuant régulièrement à l'aide d'une cuillère en bois. Goûter, ajouter un peu d'édulcorant si la farce est trop acide.
- Répartir 1/4 de la préparation dans chaque pomme, parsemer de noix de coco avant de poser le chapeau. Verser 1/2 verre d'eau dans le plat, enfourner et laisser cuire pendant 15 minutes, le temps de laisser les saveurs se mêler.
- Servir tiède avec du thé japonais ou à la bergamote, ou encore avec une tisane aux fruits.

Recettes végétariennes — **cocktail**

Lily rose

Coût : ●○○
Difficulté : ●○○
Préparation : 20 min
Réfrigération : 1 h

Par personne : 1/2 P

Pour 4 personnes
- 1 grappe de raisin noir (200 g)
- 250 g de fraises
- 4 abricots
- 4 kiwis
- 1/4 de pastèque
- 20 g de gingembre frais
- 4 feuilles de menthe fraîche
- eau gazeuse (facultatif)

- Laver la grappe de raisin, les fraises et les abricots. Égrapper le raisin, équeuter les fraises, partager les abricots en 4 et jeter les noyaux. Éplucher les kiwis et les couper en grosses tranches. Débiter la pastèque en gros morceaux, ôter les pépins. Éplucher et hacher le gingembre. Réserver 8 fraises pour la décoration.
- Mettre tous les fruits dans le bol du mixeur. Mixer très finement le tout. Passer au chinois. Mettre au frais dans une carafe pendant environ 1 heure.
- Laver la menthe. Verser la préparation dans des verres à jus de fruits. Décorer avec une brochette de fraises et de feuilles de menthe.
- Allonger avec un trait d'eau gazeuse selon le goût.

Cocktail méridien sud

Coût : ●○○
Difficulté : ●○○
Préparation : 15 min
Réfrigération : 1 h

Par personne : 1 P

Pour 4 personnes
- 1 petite tomate
- 4 pêches des vignes
- 1/2 melon mûr
- 10 litchis
- 20 g d'amandes grillées
- 1 tranche de carambole
- 10 baies roses
- glace pilée

- Piquer la peau de la tomate et des pêches, les plonger 1 minute dans une casserole d'eau bouillante et les peler. Dénoyauter les pêches. Épépiner le melon et en prélever la chair. Peler et dénoyauter les litchis.

Recettes **végétariennes** — cocktail

- Mettre tous les fruits, les amandes, la carambole et les baies roses dans le bol d'un mixeur, réduire en purée très fine. Verser dans un pichet et mettre au frais pendant 1 heure. Servir dans des verres à jus de fruit sur de la glace pilée.

Tijuca

Coût : ●○○
Difficulté : ●○○
Préparation : 20 min
Réfrigération : 1 h

Par personne : 0 P

Pour 4 personnes
- 2 tomates mûres
- 2 petits concombres
- 4 carottes
- 4 branches de céleri
- 1 citron vert
- 4 rondelles de radis noir
- 4 feuilles de persil plat
- sel de céleri, poivre

- Piquer les tomates à l'aide d'une aiguille. Les plonger pendant 1 minute dans de l'eau bouillante, les peler et les couper en 4.
- Éplucher les concombres et les carottes. Laver les branches de céleri et les carottes. Couper tous ces légumes en tronçons. Les mettre avec les tomates dans le bol d'un mixeur, réduire en purée très fine. Presser le citron vert, ajouter le jus à la purée de légumes. Donner un tour de mixeur. Goûter et rectifier l'assaisonnement avec du sel de céleri et du poivre selon le goût.
- Mettre au frais pendant 1 heure.
- Verser la préparation dans des verres à jus de fruits, ajouter des glaçons, décorer d'une rondelle de radis noir, d'une feuille de persil plat. Servir avec une paille.

Recettes **végétariennes**

Mâchon de légumes

Coût : ●○○
Difficulté : ●○○
Préparation : 15 min
Cuisson : 9 min
Réfrigération : 30 min

Par personne : 0 P

Pour 4 personnes
- 1 petit chou-fleur
- 1 petite botte de carottes avec les fanes
- 4 petites courgettes
- 1 grosse betterave cuite
- 1 cube de bouillon de légumes
- 2 CS de moutarde violette
- 1 pointe de piment
- 4 CS de vinaigre de vin

- Détacher les bouquets de chou-fleur et les laver. Éplucher les carottes, les laver et les émincer.
- Laver les courgettes, les éplucher en retirant 1 lamelle sur 2 de leur peau, les émincer grossièrement. Éplucher, couper la betterave en morceaux.
- Diluer le cube de bouillon de légumes dans 50 cl d'eau. Faire chauffer dans la partie basse d'un autocuiseur. Mettre tous les légumes dans le panier de l'autocuiseur. Les faire cuire à la vapeur 6 à 7 minutes. Les laisser légèrement refroidir puis les écraser grossièrement à la fourchette. Incorporer la moutarde violette et une pointe de piment (si on aime pimenté), puis arroser de vinaigre. Bien mélanger. Verser dans des ramequins ou dans une petite terrine.
- Servir frais avec des petits pains de différentes sortes coupés très finement, frottés d'ail et grillés au four (à comptabiliser) ou bien encore des feuilles d'endives à utiliser en guise de pain.

Soupe au tapioca express

Coût : ●○○
Difficulté : ●○○
Préparation : 3 min
Cuisson : 7 min

Par personne : 3 1/2 P

Pour 4 personnes
- 2 œufs
- 40 g de gruyère râpé
- 1 pincée de noix muscade
- 4 CS de tapioca (80 g)
- sel, poivre du moulin

- Dans une soupière, battre les œufs, poivrer et mélanger avec le gruyère râpé. Ajouter la noix muscade et mélanger.
- Porter à ébullition 1,5 litre d'eau légèrement salée. Y jeter le tapioca en pluie. Faire cuire pendant 7 minutes sans cesser de remuer. Le tapioca est cuit quand il est translucide. Le verser dans la soupière en remuant.
- Servir aussitôt.

Tartare de légumes

Coût : ●●○
Difficulté : ●○○
Préparation : 30 min
Pas de cuisson

Par personne : 2 P

Pour 4 personnes
- 1 jeune courgette (100 g)
- 1 carotte nouvelle (100 g)
- 200 g de champignons de Paris
- 2 oignons nouveaux
- 100 g de radis roses
- 1 citron
- 1 petite botte de ciboulette
- 1 CS de gomasio
- 8 cc d'huile d'olive
- 2 CS de câpres
- bouquets de mâche (facultatif)
- poivre du moulin

- Éplucher la courgette et la carotte. Les laver. Couper la courgette en 2 dans le sens de la longueur, ôter les graines. Couper le bout terreux des champignons, les laver. Peler les oignons. Laver les radis, les équeuter et les effeuiller. Presser le citron. Laver et ciseler la ciboulette jusqu'à en obtenir l'équivalent de 2 cuillères à soupe.
- Couper les légumes en petits dés, les disposer harmonieusement sur un plat de service. Arroser de jus de citron, donner un tour de moulin à poivre et saupoudrer de gomasio.
- Mélanger l'huile d'olive et la ciboulette, verser sur les légumes. Décorer avec les câpres et servir aussitôt.
- On peut ajouter quelques bouquets de mâche.

Le gomasio est un condiment composé de sel fin et de sésame broyé.

Recettes **végétariennes**

Puits de concombre au tofu

Coût : ●○○
Difficulté : ●○○
Préparation : 15 min
Pas de cuisson
Réfrigération : 1 h

Par personne : 2 P

Pour 4 personnes
- 1 concombre
- 1/2 avocat (60 g)
- 120 g de tofu
- 12 radis
- 4 brins de coriandre
- 1 CS de jus de citron
- 1 yaourt nature
- 2 cc d'huile d'olive
- sel, poivre

- Éplucher le concombre en laissant 1 lanière de peau sur 2. Le couper en 4 tronçons. Les évider en prenant soin de ne pas les percer jusqu'au fond. Saler l'intérieur et les retourner sur une assiette pour qu'ils s'égouttent.
- Peler le demi-avocat et le couper en petits dés. Couper également le tofu en petits dés. Laver et émincer les radis en rondelles. Laver et ciseler la coriandre.
- Dans une terrine, mélanger le jus de citron, le yaourt et l'huile d'olive. Saler, poivrer. Parfumer de coriandre ciselée. Ajouter les dés de tofu, d'avocat et les rondelles de radis. Tourner délicatement. En garnir les puits de concombre.
- Servir très frais.

Avocats à l'orientale

Coût : ●○○
Difficulté : ●○○
Préparation : 20 min
Cuisson : 10 min
Réfrigération : 30 min

Par personne : 4 1/2 P

Pour 4 personnes
- 2 gousses d'ail
- 120 g de boulghour
- 20 g de pousses de soja frais
- 3 feuilles de menthe
- 2 avocats (240 g de chair)
- 1 grosse tomate mûre
- 1 petit bouquet de coriandre fraîche (15 brins)
- 1 citron
- 1 poivron jaune
- sel, poivre

- Allumer le gril du four.
- Peler l'ail et l'émincer. Faire cuire le boulghour avec l'ail dans de l'eau bouillante salée selon les indications notées sur l'emballage et laisser complètement refroidir.

entrée

- Poser le poivron sur la grille du four chaud pendant 5 minutes. Le retirer lorsque la peau commence à cloquer et à noircir par endroits. L'enfermer dans un sachet en plastique pendant 15 minutes, le peler, le laisser refroidir et le couper en petits dés.
- Laver rapidement le soja, égoutter. Laver et ciseler la coriandre et la menthe. Presser le citron.
- Ouvrir les avocats en 2, les dénoyauter. Les évider en faisant attention de ne pas percer l'écorce. Hacher grossièrement la chair.
- Plonger la tomate 1 minute dans l'eau bouillante, la peler et la découper en tout petits dés. Dans une jatte, mélanger le boulghour avec les dés de poivron et de tomate et la chair d'avocat. Ajouter la coriandre et la menthe ciselées finement. Arroser du jus de citron. Saler et poivrer. Mélanger délicatement.
- Garnir les moitiés d'avocats de cette préparation. Décorer avec le soja. Mettre au frais pendant environ 30 minutes avant de servir.

Salade toscane

Coût : ●○○
Difficulté : ●●●
Préparation : 30 min
Cuisson : 5 min

Par personne : 2 1/2 P

Pour 4 personnes
- 2 trévises
- 100 g de roquette
- 1 laitue
- 1 cc d'huile de noix
- 3 gousses d'ail
- 100 g de raisin noir
- 80 g de parmesan vieux
- quelques brins de ciboulette
- 100 g de pousses d'épinards
- sel, poivre du moulin
- 1 filet de vinaigre balsamique

- Laver soigneusement les salades et les épinards, puis les égoutter. Peler les gousses d'ail et les blanchir dans de l'eau bouillante. Jeter l'eau aux premiers bouillons. Recommencer une seconde fois. Égoutter l'ail, l'éponger soigneusement. Laver puis égrapper le raisin, faire une petite incision dans les grains et les épépiner d'une petite pression, les peler.
- Dans une poêle posée sur un feu assez vif, faire chauffer l'huile de noix, ajouter les grains de raisin et les gousses d'ail. Les faire rôtir pendant 5 minutes. Mélanger délicatement pour mêler les saveurs.

Recettes végétariennes — entrée

- Couper 8 fines tranches ou des copeaux presque translucides de parmesan vieux. Laver la ciboulette.
- Sur chaque assiette, disposer harmonieusement les feuilles de salade et les épinards, répartir dessus le parmesan et le mélange ail-raisin, arroser d'un filet de vinaigre. Saler et poivrer.
- Décorer avec quelques brins entiers de ciboulette. Servir aussitôt.
- Accompagner cette salade de pain aux céréales grillé (à comptabiliser).

Salade au pain perdu

Coût : ●○○
Difficulté : ●○○
Préparation : 15 min
Cuisson : 4 min

Par personne : 3 P

Pour 4 personnes

Pour les pains perdus :
- 4 tranches de pain complet rassis (4 x 30 g)
- 1 œuf
- 10 cl de lait écrémé
- 1 botte de ciboulette
- 1 cc d'huile d'olive
- sel, poivre

Pour la salade :
- 1 batavia
- 1 gousse d'ail
- 3 cc d'huile d'olive
- 1 cc de vinaigre de cidre
- 1 bouquet de persil
- sel de Guérande
- poivre du moulin

- Mettre le pain dans un plat creux. Dans un bol, battre l'œuf et le lait. Ajouter la ciboulette, saler et poivrer. Verser la préparation sur le pain. Laisser imbiber pendant 5 minutes.
- Préparer la salade : effeuiller, laver et essorer la batavia. Peler et écraser l'ail. Dans un saladier, mélanger l'huile, le vinaigre et l'ail, saler et poivrer, mettre les feuilles de batavia et mélanger.
- Faire chauffer 1 cuillère à café d'huile d'olive dans une poêle antiadhésive.
- Déposer les tranches de pain et laisser cuire pendant 4 minutes en retournant à mi-cuisson.
- Laver et hacher le persil. Dans des assiettes de service, répartir la salade et les pains perdus aux herbes.
- Saupoudrer de persil.

Recettes **végétariennes**

Soleil levant

Coût : ●○○
Difficulté : ●●●
Préparation : 25 min
Pas de cuisson (version froide)
Cuisson : 3 min (version chaude)

Par personne :
Version froide : 0 P
Version chaude : 1 P

Pour 4 personnes
- 4 carottes
- 4 petites tomates bien fermes
- 100 g de pousses d'épinards
- 100 g de pousses de soja
- 1/2 botte de radis
- 4 petits oignons verts (avec leur tige)

Version froide :
- 2 CS de vinaigre de riz
- 2 CS de sauce soja claire

Version chaude :
- 2 œufs
- 2 CS d'eau gazeuse

- Éplucher les carottes, les laver et les tailler en petits bâtonnets. Plonger les tomates 1 minute dans l'eau bouillante, les peler, les épépiner et tailler la pulpe en lanières. Laver les pousses d'épinards, les égoutter, les émincer finement dans le sens de la longueur. Laver et égoutter le soja.

- Équeuter et effeuiller les radis. Les laver et les émincer très finement. Retirer délicatement la première pelure des oignons. Piquer la lame d'un couteau pointu au cœur du bulbe et tirer. Les partager longitudinalement sans détacher le vert du bulbe. Friser les extrémités des tiges vertes.

- Version froide : dans chaque assiette, disposer une construction harmonieuse en commençant par un lit de radis, puis d'épinards, de tomates, de soja et de carottes. Finir par quelques rondelles de radis, poser l'oignon écheveté sur le dessus. Dans un bol, mélanger le vinaigre de riz avec la sauce soja. Arroser les légumes de cette sauce, servir aussitôt.

- Version chaude : faire blanchir les légumes séparément avec un peu d'eau pendant 2 minutes au four à micro-ondes. Battre les 2 œufs dans un bol avec l'eau gazeuse. Faire chauffer une poêle antiadhésive sur feu doux. Monter la construction des légumes dans la poêle chaude, répartir dessus les œufs battus. Retourner « l'omelette » régulièrement et rapidement pour dorer de tous les côtés. Servir chaud.

entrée

La Berguinoise

Coût : ●○○
Difficulté : ●○○
Préparation : 20 min
Cuisson : 45 min

Par personne : 3 1/2 P

Pour 4 personnes
- 100 g de lentilles crues
- 100 g de champignons de Paris
- 2 CS d'eau gazeuse
- 2 CS de moutarde blanche
- 8 tranches (100 g) de fromage de Bergues (ou de tomme de Savoie)
- 1 petit bouquet de coriandre fraîche
- 1 petite botte de ciboulette
- 1 petit bouquet de persil plat
- sel, poivre
- 1/2 citron
- 2 navets
- 1 oignon

- Préchauffer le four à th. 5 (180 °C).
- Verser les lentilles dans une casserole, les couvrir d'eau salée. Porter à ébullition et laisser cuire à petits bouillons pendant 20 minutes. Égoutter.
- Éplucher les navets, les laver puis les émincer, les faire cuire à l'eau bouillante salée pendant 15 minutes, égoutter.
- Pendant ce temps, presser le demi-citron. Couper le bout terreux des champignons, les laver et les éplucher. Les émincer puis les arroser du jus de citron pour éviter qu'ils noircissent. Peler l'oignon, l'émincer. Le faire fondre dans une poêle sur feu doux avec l'eau gazeuse. Ajouter les champignons, poivrer, mélanger régulièrement. Verser les lentilles et la moutarde. Mélanger à nouveau. Laisser cuire jusqu'à ce que l'eau rendue par les champignons soit absorbée.
- Sur la plaque du four, poser 4 carrés de feuilles d'aluminium en retournant les bords assez haut. Ranger dessus les tranches de fromage. Les couvrir des navets puis de la préparation aux champignons et aux lentilles.
- Enfourner et laisser cuire pendant 15 minutes. Poser chaque feuille sur une assiette chaude. Laver et hacher la coriandre fraîche, la ciboulette et le persil plat. Poudrer les carrés de ce mélange. Servir aussitôt.
- Accompagner d'une salade d'endives assaisonnée d'une sauce blanche aillée (moutarde blanche, ail, fromage blanc, sel, poivre).

Recettes
végétariennes

Poêlée au tofu

Coût : ●●○
Difficulté : ●○○
Préparation : 15 min
Cuisson : 30 min

Par personne : 4 1/2 P

Pour 4 personnes
- 200 g de petites pommes de terre à chair ferme (Ratte)
- 4 fonds d'artichauts surgelés
- 8 petits radis roses
- 2 échalotes
- 320 g de tofu
- 8 cc d'huile d'arachide
- 100 g de pointes d'asperges vertes crues
- 1 CS de sauce soja
- 2 CS de gomasio
- sel, poivre du moulin

- Laver les pommes de terre. Les déposer dans le panier d'un autocuiseur et les faire cuire à la vapeur pendant 10 minutes environ. Les éplucher et les couper en rondelles.
- Porter une casserole d'eau salée à ébullition et y plonger les fonds d'artichauts. Les faire cuire pendant 10 minutes, les égoutter et les couper en 4. Laver et détailler les radis en fleur. Peler et émincer les échalotes. Couper le tofu en petits cubes.
- Dans une poêle antiadhésive, faire chauffer l'huile d'arachide, ajouter les échalotes émincées, les rondelles de pommes de terre, les morceaux d'artichauts, les pointes d'asperges et la sauce soja. Faire dorer pendant 5 minutes en remuant. Ajouter les cubes de tofu et les radis. Laisser cuire encore pendant 5 minutes sans cesser de remuer.
- Donner un tour de moulin à poivre, saupoudrer de gomasio et servir bien chaud.

Le gomasio est un condiment composé de sel fin et de sésame broyé.

œuf et tofu

Quenelles de tofu aux fines herbes

Coût : ●○○
Difficulté : ●●○
Préparation : 30 min
Cuisson : 30 min

Pour 4 personnes

- 40 g de margarine allégée à 60 %
- 80 g de farine tamisée
- 1 gros œuf
- 1/2 bouquet de persil
- 1/2 bouquet d'estragon
- 1/2 botte de ciboulette
- 240 g de tofu
- 1 CS de crème fraîche allégée à 15 %
- 1 pointe de noix muscade râpée
- 1 tablette de bouillon de légumes
- 500 g de petits poireaux
- sel, poivre

Par personne : 5 P

- Dans une casserole, porter à ébullition 12 cl d'eau avec la margarine allégée et 1/2 cuillère à café de sel. Dès que l'eau bout et que la margarine est fondue, retirer du feu, y verser la farine d'un seul coup et mélanger. Remettre la casserole quelques instants sur feu doux en travaillant la pâte afin de la dessécher. Laisser tiédir pendant 2 à 3 minutes. Battre l'œuf dans un bol et l'incorporer à la préparation.
- Laver les herbes. Émietter le tofu dans un saladier, ajouter la crème allégée et les herbes (en réserver quelques-unes pour la finition), mixer le tout. Ajouter cette préparation à la pâte. Assaisonner de sel, de poivre et d'une pointe de noix muscade râpée.
- À l'aide de deux cuillères à soupe, façonner des quenelles. Les poser au fur et à mesure sur un plat et les réserver au réfrigérateur.
- Dans une casserole, diluer la tablette de bouillon dans 75 cl d'eau bouillante. Laver les poireaux, les couper en tronçons et les faire cuire dans le bouillon pendant 15 minutes. Les réserver au chaud en gardant le bouillon de cuisson.
- Sortir les quenelles du réfrigérateur. Les faire pocher dans ce bouillon pendant 10 minutes à frémissements.
- Les servir dans des assiettes creuses avec les poireaux et une petite louche du bouillon de cuisson. Parsemer l'ensemble des fines herbes réservées.

Recettes
végétariennes

Terrine de légumes au gratin

Coût : ●○○
Difficulté : ●○○
Préparation : 20 min
Cuisson : 25 min

Par personne : 3 P

Pour 4 personnes
- 1 petit chou vert
- 1 chou-fleur
- 2 pommes de terre
- 2 oignons
- 160 g de tofu en morceaux
- 3 à 4 CS d'eau gazeuse
- 50 g d'emmental râpé
- 1 cc d'huile
- sel, poivre du moulin

- Préchauffer le four à th. 5 (180 °C).
- Retirer les feuilles flétries du chou. Séparer les bouquets du chou-fleur, les feuilles du chou, les couper grossièrement au couteau. Passer sous l'eau, égoutter, les mettre dans le panier d'un autocuiseur. Faire cuire à la vapeur pendant 10 minutes.
- Éplucher les pommes de terre. Les couper en morceaux. Peler les oignons. Les couper en morceaux. Verser tous les légumes dans la cuve du robot. Hacher finement.
- Faire chauffer une poêle antiadhésive. Y faire revenir le tofu, mouiller avec 3 à 4 cuillères à soupe d'eau gazeuse et ajouter un peu des légumes hachés. Faire dorer l'ensemble pendant quelques minutes. Incorporer la moitié du fromage râpé. Saler, poivrer. Verser le mélange dans une terrine en verre ou en terre légèrement huilée. Couvrir avec la purée de légumes restante et poudrer avec le reste de fromage râpé.
- Enfourner et laisser cuire pendant 10 minutes. Quand le hachis est bien gratiné, sortir le plat du four. Servir aussitôt.

Mikado de courgettes

Coût : ●○○
Difficulté : ●○○
Préparation : 15 min
Cuisson : 15 min

Par personne : 3 1/2 P

Pour 4 personnes
- 2 tomates mûres
- 2 courgettes
- 1/4 de bouquet de coriandre
- 1/2 botte de ciboulette
- 4 gousses d'ail
- 6 œufs
- 3 CS d'eau gazeuse
- 60 g de semoule cuite
- 60 g de lentilles cuites
- sel, poivre

- Plonger les tomates pendant 1 minute dans de l'eau bouillante et les peler. Laver et éplucher les courgettes. Couper les pelures de courgettes en fins bâtonnets. Laver et hacher les herbes. Peler et dégermer les gousses d'ail. Hacher grossièrement les courgettes et les tomates. Verser ce hachis de légumes dans un récipient.
- Battre les œufs dans un saladier. Allonger avec un peu d'eau gazeuse. Les incorporer aux légumes et ajouter la semoule et les lentilles. Mélanger intimement. Ajouter les herbes et les bâtonnets de courgettes à la préparation. Saler, poivrer.
- Faire chauffer une poêle à blinis ou une petite poêle. Prélever une louche de la préparation, l'étaler dans la poêle et faire cuire et prendre la couleur d'un côté, retourner et cuire l'autre face – comme une crêpe. Renouveler l'opération jusqu'à épuisement de la pâte.
- Servir chaud avec une salade très assaisonnée.

Omelette de printemps

Coût : ●○○
Difficulté : ●○○
Préparation : 15 min
Cuisson : 15 min

Pour 4 personnes
- 6 asperges vertes
- 10 brins de cerfeuil
- 10 brins de persil plat
- 2 à 3 feuilles d'estragon
- 25 g d'amandes grillées
- 2 CS de vinaigre balsamique
- 160 g de tofu fumé
- 3 CS d'eau gazeuse
- 4 œufs
- sel, poivre

Par personne : 4 P

- Couper le bout terreux des asperges, les éplucher. Les laver et les mettre dans le panier d'un autocuiseur. Les faire cuire à la vapeur pendant 9 minutes. Les égoutter et les couper en tronçons de 1 cm.
- Trier, laver rapidement les herbes, les mettre dans un robot avec les amandes grillées et le vinaigre. Hacher finement. Égoutter le tofu fumé. Le découper en petits dés de 1 cm de côté.
- Dans une poêle antiadhésive chaude, mettre le hachis d'herbes et le tofu, mélanger et faire revenir pendant 5 à 6 minutes sur feu vif. Si

cela attache, mouiller avec un peu d'eau gazeuse. Saler, poivrer selon le goût. Ajouter les asperges.
- Pendant ce temps, dans une grande jatte, battre les œufs au fouet. Allonger avec un peu d'eau gazeuse. Verser dans la poêle, sur la préparation. Cuire l'omelette à feu doux en ramenant les bords vers le milieu avec une cuillère en bois. La garder encore baveuse ou prolonger la cuisson selon le goût. Servir avec une laitue.

Soupe farandole

Coût : ●○○
Difficulté : ●○○
Préparation : 15 min
Cuisson : 10 min

Par personne : 4 1/2 P

Pour 4 personnes
- 50 g de petits pois frais
- 1 branche de céleri
- 50 g de haricots verts frais
- 2 carottes
- 1 grosse tomate mûre
- 80 g de tofu
- 200 g de vermicelles
- 10 g de gingembre en conserve
- 1 CS de sauce soja
- 1 œuf
- 1/2 botte de coriandre fraîche
- vert de 2 oignons
- poivre

- Écosser les petits pois. Laver le céleri. Effiler les haricots verts. Éplucher les carottes et les laver. Plonger la tomate quelques secondes dans de l'eau bouillante et la peler. Couper les haricots verts, les carottes, le céleri et la tomate en petits dés. Couper le tofu en tout petits dés.
- Mettre tous ces légumes dans un autocuiseur. Couvrir largement d'eau et poivrer. Fermer le couvercle et faire cuire pendant 8 minutes. Ajouter dans l'autocuiseur les dés de tofu, les vermicelles et le gingembre entier. Couvrir de nouveau et laisser cuire à tout petit feu pendant 2 minutes, le temps de faire gonfler les vermicelles.
- Verser la sauce soja dans la soupe, y casser l'œuf et bien mélanger. Répartir la soupe dans des bols. Laver et ciseler la coriandre fraîche et le vert des oignons. Parsemer la soupe de ce mélange et servir.

Recettes **végétariennes**

Oignons farcis

Coût : ●○○
Difficulté : ●○○
Préparation : 20 min
Cuisson : 30 min

Pour 4 personnes
- 4 gros oignons
- 120 g de tofu
- 1 CS d'eau gazeuse
- 100 g de blé
- 100 g de champignons de Paris
- 100 g de pousses d'épinards
- herbes (5 brins de chaque : ciboulette, coriandre, persil plat)
- 1 filet de vinaigre balsamique
- sel, poivre

Par personne : 2 P

- Préchauffer le four à th. 5 (180 °C).
- Peler les oignons, prélever le cœur à l'aide d'un couteau bien aiguisé. Les disposer dans un plat allant au four. Réserver. Détailler le tofu en tout petits cubes.
- Jeter les cœurs d'oignons dans une grande poêle. Faire fondre sur feu doux avec 1 cuillère à soupe d'eau gazeuse, ajouter le blé et le tofu. Mouiller à hauteur, toujours avec l'eau gazeuse. Couvrir et laisser cuire pendant 15 à 20 minutes. Mélanger, mouiller régulièrement en cours de cuisson.
- Couper le bout terreux des champignons et les laver. Les essuyer soigneusement, les émincer et les ajouter à la cuisson. Remuer à l'aide d'une cuillère en bois.
- Laver les épinards et les herbes, les émincer.
- Quand le blé est cuit, arrêter le feu, incorporer les épinards, les herbes et le vinaigre, puis mélanger. Poivrer et saler selon le goût.
- Farcir les oignons de cette préparation, enfourner et faire cuire pendant 10 minutes. Servir aussitôt avec une salade de pourpier ou de mesclun bien assaisonnée (assaisonnement à comptabiliser).

plat complet

Farcis de légumes à la polenta

Coût : ●○○
Difficulté : ●○○
Préparation : 20 min
Cuisson : 30 min

Pour 4 personnes
- 1 gousse d'ail
- 200 g de polenta
- 2 gros concombres
- 1 gros poivron vert
- 1 gros poivron rouge
- 100 g de haricots verts
- 1 gros cœur de céleri-branche
- 100 g de fromage blanc frais à 20 %
- 40 g de parmesan ou cantal vieux
- 1 petit verre d'eau gazeuse
- sel, poivre

Par personne : 4 P

- Préchauffer le four à th. 5 (180 °C).
- Peler l'ail. Cuire la polenta avec l'ail dégermé pendant 10 minutes environ (suivre les indications portées sur l'emballage).
- Laver les concombres, les partager en tronçons de 4 cm et les évider. Mettre les tronçons debout dans un plat allant au four. Réserver. Mettre la pulpe dans une casserole et cuire doucement pendant 10 minutes.
- Poser les poivrons sur la grille du four chaud pendant 5 minutes. Les retirer lorsque la peau commence à cloquer et à noircir par endroits. Enfermer les poivrons dans un sachet en plastique pendant 15 minutes, les peler, les épépiner et couper la chair en lanières.
- Effiler et laver les haricots verts. Laver les branches de céleri, les tailler en bâtonnets de 4 cm de hauteur. Les faire cuire ensemble pendant 15 minutes dans une casserole remplie d'eau bouillante salée. Égoutter et réserver.
- Quand la polenta est cuite, verser dans une jatte, ajouter les poivrons, la chair des concombres, le fromage blanc frais. Saler, poivrer et mélanger.
- Farcir les tronçons de concombre réservés de ce mélange. Piquer dans la farce avec des haricots verts et des bâtonnets de céleri. Les poudrer de copeaux de parmesan ou de cantal vieux. Verser un petit verre d'eau gazeuse au fond du plat et enfourner pendant 8 minutes à four chaud.

Recettes **végétariennes**

La rosace

Coût : ●○○
Difficulté : ●○○
Préparation : 20 min
Cuisson : 35 min

Par personne : 4 P

Pour 4 personnes
- 800 g de pommes de terre
- 1 botte de ciboulette
- 1 bouquet de coriandre
- 1 bouquet de persil
- 1 bouquet de cerfeuil
- 4 œufs
- sel, poivre

- Éplucher et laver les pommes de terre. Les mettre dans une casserole, couvrir d'eau, saler et poivrer. Porter à ébullition, faire cuire pendant 20 à 30 minutes. Les couper en tranches.
- Laver et ciseler les herbes. Battre les œufs dans un saladier, ajouter toutes les herbes, saler et poivrer. Allonger avec un peu d'eau chaude.
- Chauffer une grande poêle antiadhésive. Plonger les rondelles de pommes de terre dans l'œuf battu et les disposer dans la poêle en formant une grande ou des petites rosaces. Faire dorer des 2 côtés. Servir aussitôt.
- On peut accompagner d'une salade de pissenlits aillée et éventuellement des carrés de fromage « bleu » (à comptabiliser).

Omelette aux lentilles

Coût : ●○○
Difficulté : ●○○
Préparation : 20 min
Cuisson : 35 min

Par personne : 5 1/2 p

Pour 4 personnes
- 6 carottes
- 3 oignons
- 200 g de lentilles
- eau gazeuse
- 4 œufs
- 5 CS rases de crème fraîche allégée à 15 %
- 1 pincée de piment (facultatif)
- sel, poivre

- Éplucher et laver les carottes, peler les oignons, émincer le tout finement. Les faire fondre dans une poêle antiadhésive et ajouter les

plat complet

lentilles. Recouvrir d'eau gazeuse. Saler, poivrer et mélanger. Couvrir et laisser cuire pendant 30 minutes, environ, jusqu'à absorption complète de l'eau. Mélanger encore et arrêter le feu.
- Dans une grande jatte, battre les œufs. Ajouter la crème fraîche, 1 pincée de piment (facultatif), saler et poivrer. Bien mélanger, incorporer les légumes cuits. Préchauffer la poêle à feu vif. Verser la préparation. Laisser prendre couleur pendant 5 minutes à feu vif et servir.
- Accompagner d'une salade de mâche et betteraves.

Gratin exotique

Coût : ●○○
Difficulté : ●○○
Préparation : 30 min
Cuisson : 40 min

Par personne : 4 P

Pour 4 personnes
- 200 g de boulghour
- 4 endives
- 2 grosses betteraves cuites
- 100 g de tofu
- 1/2 verre de vinaigre au miel
- 4 cm de gingembre
- 35 g de gruyère râpé

- Préchauffer le four à th. 7 (220 °C).
- Faire cuire le boulghour comme indiqué sur l'emballage.
- Laver les endives, les essuyer et les couper en tronçons. Les déposer dans le panier d'un autocuiseur et les faire cuire à la vapeur pendant 15 minutes. Éplucher et détailler les betteraves en gros dés. Égoutter et émincer le tofu.
- Dans une poêle antiadhésive chaude, faire griller le tofu sur feu vif, ajouter les endives et les betteraves, mouiller avec le vinaigre au miel, puis mélanger avec le gingembre émincé. Verser un peu de boulghour, bien mélanger.
- Tapisser généreusement le fond d'un petit plat à four à hauts bords du tiers de boulghour. Verser dessus la moitié de la préparation, couvrir avec le second tiers du boulghour puis le reste de la préparation. Finir avec une couche de boulghour. Saupoudrer de fromage râpé, enfourner pendant 10 minutes, le temps de laisser prendre couleur. Servir bien chaud.

Recettes végétariennes — **plat complet**

Polenta de la Saint-Valentin

Coût : ●○○
Difficulté : ●○○
Préparation : 20 min
Cuisson : 15 min

Par personne : 4 P

Pour 4 personnes
- 1 gros concombre
- 3 petites tomates très fermes
- 200 g de polenta précuite
- 30 g de cheddar râpé
- 3 CS de fromage blanc à 20 % (150 g)
- piment d'Espelette en poudre
- noix muscade
- 1 cc d'huile
- 8 oignons grelots
- sel, poivre

- Préchauffer le four à th. 5 (180 °C).
- Éplucher le concombre. Plonger les tomates 1 minute dans l'eau bouillante, les peler et les détailler en petits cubes.
- Dans une grande jatte, mélanger au fouet la polenta, le cheddar, le fromage blanc, ajouter un trait de piment. Saler, poivrer. Ajouter les dés de concombre et de tomates, puis la noix muscade râpée. Mélanger jusqu'à obtenir une pâte assez homogène.
- Huiler la tôle du four. Étaler la préparation. Enfourner et laisser cuire pendant 10 minutes.
- Pendant ce temps éplucher les oignons grelots, les partager en 2.
- Après 10 minutes de cuisson, sortir la plaque du four, mettre le thermostat en position gril. Découper la préparation cuite avec un emporte-pièce en forme de cœur (faire 2, 4 ou 8 cœurs selon la taille de l'emporte-pièce). Sur chaque sujet, répartir les petits oignons grelots. Leur faire légèrement prendre couleur en enfournant de nouveau la plaque au plus près du gril. Servir très chaud.

Papardelles aux pignons

Coût : ●○○
Difficulté : ●○○
Préparation : 25 min
Cuisson : 15 min

Par personne : 7 P

Pour 4 personnes
- 160 g de pâtes larges (ex : papardelles)
- 1 bouquet de basilic
- 4 fonds d'artichauts surgelés
- 150 g de petits pois surgelés
- 10 cl d'eau gazeuse
- 1 bouquet de persil plat
- sel, poivre
- 1 gousse d'ail
- 3 CS de vinaigre
- 4 cc d'huile d'olive
- 40 g de parmesan râpé
- 40 g de pignons de pin

Recettes
végétariennes

- Faire cuire les pâtes « al dente » dans de l'eau bouillante salée pendant environ 8 minutes.
- Laver le basilic et en ciseler la moitié. Mettre les fonds d'artichauts avec les petits pois dans une casserole. Ajouter un peu d'eau gazeuse, saler et poivrer. Couvrir et laisser chauffer pendant 5 minutes, ajouter le basilic ciselé. Partager les fonds d'artichauts en 4 ou en 6 et réserver.
- Laver le persil. Peler l'ail et ôter le germe. Le mettre avec le reste de basilic et le persil dans un mixeur et mixer. Ajouter le vinaigre et l'huile d'olive. Saler et poivrer si besoin.
- Dans une grande poêle chaude, mélanger les pâtes et les légumes chauds. Les arroser de la sauce. Laisser se mêler les saveurs quelques instants et servir aussitôt avec le parmesan râpé et les pignons de pin.

Pilaf de pilpil et de lentilles

Coût : ●●○
Difficulté : ●○○
Préparation : 20 min
Cuisson : 30 min

Par personne : 4 P

Pour 4 personnes
- 100 g de lentilles vertes
- 100 g de pilpil de blé
- 50 g de lentilles corail
- 1/2 poivron rouge
- 1 cc d'herbes de Provence
- sel de Guérande, poivre du moulin
- 1 oignon
- 2 CS d'huile d'olive
- 2 CS de persil

- Verser les lentilles vertes dans une casserole, recouvrir avec 1,5 litre d'eau froide. Porter à ébullition, laisser cuire à feu doux pendant 15 minutes. Égoutter, saler et réserver au chaud.
- Pendant ce temps, mettre le pilpil dans une casserole avec 2 fois son volume d'eau bouillante salée. Laisser cuire à feu doux pendant 10 minutes, jusqu'à complète absorption de l'eau. Mélanger aux lentilles vertes.
- Faire cuire les lentilles corail à part pour qu'elles gardent leur couleur orange. Les verser dans une casserole avec 50 cl d'eau froide salée et laisser cuire à feu doux pendant 5 minutes.
- Peler l'oignon, laver et épépiner le poivron. Les hacher. Dans une poêle antiadhésive, verser l'huile, faire revenir l'oignon et le poivron,

ajouter les herbes de Provence, laisser cuire pendant 5 minutes sans cesser de remuer.
- Saler avec du sel de Guérande, donner un tour de moulin à poivre et ajouter au mélange lentilles vertes-pilpil.
- Verser la préparation dans un plat creux, ajouter le persil, mélanger et rectifier l'assaisonnement si nécessaire. Disperser les lentilles corail sur le dessus pour décorer. Servir bien chaud.

accompagnement

Black and white au vert

Coût : ●○○
Difficulté : ●○○
Préparation : 30 min
Cuisson : 15 min

Par personne : 3 1/2 P

Pour 4 personnes
- 200 g de riz mélangés (2/3 de riz nature demi-complet ou blanc et 1/3 de riz sauvage)

Pour le hachis :
- 3 oignons rouges
- 3 gousses d'ail nouveau
- 2 cc de vinaigre balsamique
- 1 botte de ciboulette
- 1 bouquet de cerfeuil
- 1 bouquet de persil plat
- 8 cc de crème fraîche allégée à 15 %
- sel, poivre

- Faire cuire les riz dans une casserole remplie d'eau bouillante salée pendant 15 minutes environ, comme indiqué sur l'emballage.
- Pendant ce temps, peler les oignons et l'ail, les faire fondre doucement dans une casserole avec un peu de vinaigre balsamique. Laver et hacher les herbes, les jeter dans la casserole, bien mélanger, saler et poivrer. Arrêter le feu et couvrir.
- Quand le riz est cuit, l'égoutter et le verser dans une grande jatte, incorporer le mélange oignons-herbes ainsi que la crème fraîche. Mélanger, goûter et rectifier l'assaisonnement si nécessaire. Servir chaud.

Recettes **végétariennes** — accompagnement

Chips de légumes fourrés

Coût : ●○○
Difficulté : ●○○
Préparation : 30 min
Cuisson : 12 min

Pour 4 personnes
- 1 petit céleri-rave
- 2 pommes de terre
- 3 petites betteraves cuites
- 3 beaux navets

Pour la farce :
- 2 carottes
- 2 brocolis
- 2 tomates
- 1 jaune d'œuf
- 1 CS de crème fraîche
- 30 g de mimolette râpée ou émincée
- piment en poudre (selon le goût)
- sel, poivre

Par personne : 2 1/2 P

- Laver et éplucher le céleri-rave, les pommes de terre, les betteraves et les navets. Couper des tranches de 3 cm d'épaisseur dans chacun de ces ingrédients. Couper grossièrement le reste des chairs en copeaux. Réserver. Peler, laver et émincer les carottes. Laver et détacher les bouquets des brocolis. Ranger soigneusement tous les légumes crus dans un panier vapeur. Cuire 6 à 7 minutes à l'eau salée et poivrée.
- Réserver les tranches et les copeaux. Prélever les carottes et les brocolis. Les mettre chacun dans une petite jatte et les réduire en purée à la fourchette.
- Piquer et plonger les tomates 1 minute dans de l'eau bouillante. Les peler, les épépiner et les concasser. Les faire réduire dans une petite casserole. Saler et poivrer. Goûter et rectifier l'assaisonnement si nécessaire.
- Dans un bol, battre le jaune d'œuf avec la crème fraîche, partager la préparation en 3 parts égales et l'incorporer à chaque purée. Lisser en mélangeant. Rectifier l'assaisonnement si nécessaire : ajouter du piment selon le goût, les purées doivent être assez relevées.
- Allumer le gril du four.
- Pratiquer longitudinalement des entailles dans les tranches de betteraves, céleri, navets et pommes de terre, en les creusant légèrement sans les percer. Farcir ensuite : les betteraves de purée de bro-

colis, le céleri-rave de purée de carottes, les pommes de terre de mimolette, les navets de purée de tomates.
- Dans un plat à four, faire un lit de tous les copeaux de légumes restants. Poser dessus les grosses « chips » et enfourner sous le gril pendant 1 à 2 minutes pour leur faire prendre couleur.
- Servir avec une salade mélangée.

Blé à la confiture d'oignons

Coût : ●○○
Difficulté : ●○○
Préparation : 10 min
Cuisson : 2 h

Par personne : 3 P

Pour 4 personnes
- 8 oignons rouges
- 8 oignons blancs
- 1 botte d'oignons nouveaux
- 50 g de tomates séchées
- eau gazeuse
- 240 g de blé
- sel, poivre

- Peler tous les oignons et les émincer grossièrement. Garder le vert des oignons nouveaux. Les faire suer dans une cocotte en fonte pendant 5 minutes à feu doux. Mouiller régulièrement avec de l'eau gazeuse. Ajouter les tomates séchées, saler et poivrer. Laisser confire doucement pendant 2 heures à tout petit feu en surveillant constamment pour que ça n'attache pas.
- Laver et ciseler le vert des oignons nouveaux.
- Aux 3/4 de la cuisson des oignons, cuire le blé comme indiqué sur l'emballage. L'égoutter. Parsemer le dessus du vert émincé des oignons.
- Servir aussitôt bien chaud, accompagné de la purée d'oignons.

Mijotée de blé aux légumes

Coût : ●○○
Difficulté : ●○○
Préparation : 20 min
Cuisson : 20 min

Par personne : 4 P

Pour 4 personnes
- 2 poireaux
- 3 carottes
- 2 oignons
- 2 tomates
- 25 g de champignons de Paris
- 2 CS d'huile
- 200 g de boulghour
- 1 cc de sarriette
- sel, poivre

accompagnement

- Éplucher et laver les légumes. Les couper en tout petits morceaux. Plonger les tomates quelques secondes dans de l'eau bouillante, les rafraîchir, les peler, les couper en 4 et les épépiner. Couper le bout terreux du pied des champignons et les laver rapidement à l'eau, puis les couper en 4.
- Dans une cocotte, verser l'huile, puis mettre tous les légumes coupés, les champignons, le boulghour et 1 verre d'eau. Saler et poivrer. Laisser cuire pendant 20 minutes. Servir chaud, saupoudré de sarriette.

Pot-au-feu de légumes

Coût : ●○○
Difficulté : ●○○
Préparation : 20 min
Cuisson : 10 min

Pour 4 personnes
- 600 g de pommes de terre (Belle-de-Fontenay)
- 4 grosses carottes
- 2 aubergines
- 4 courgettes
- 1 chou vert
- 1 oignon
- 1 tête d'ail
- 100 g de cèpes ou de champignons de Paris
- 1 chou-fleur
- 1 bouquet garni (thym, laurier, queues de persil)
- 6 baies de genièvre
- 10 grains de différents poivres
- 3 CS rases de mayonnaise (5 CS si allégée)
- 1 filet de vinaigre ou 1 citron
- gros sel de Guérande
- poivre en grains

Par personne : 4 P

- Éplucher et laver les pommes de terre, les carottes, les aubergines et les courgettes. Ôter les feuilles fanées du chou vert, le passer sous l'eau. Peler l'oignon. Couper tous ces légumes en gros morceaux.
- Éplucher et écraser l'ail. Couper le bout terreux des cèpes, les passer rapidement sous l'eau. Détacher les bouquets du chou-fleur et les laver.
- Mettre tous les légumes dans le panier d'un autocuiseur. Remplir la partie basse d'eau salée aromatisée avec le bouquet garni, les baies

Recettes végétariennes

de genièvre, les grains de poivres et 1/2 tête d'ail. Faire cuire pendant 10 minutes.
- Pendant ce temps, jeter les autres gousses d'ail dans une petite casserole d'eau bouillante, les laisser cuire pendant 5 minutes puis les réduire en purée.
- Déposer la mayonnaise dans un bol. Ajouter la purée d'ail, un filet de vinaigre ou de jus de citron. Mélanger encore, réserver au frais.
- Quand les légumes sont cuits, les mettre dans une grande jatte chaude.
- Servir aussitôt avec la mayonnaise fraîche, du gros sel de Guérande et du poivre en grains.

Gratin de potiron

Coût : ●○○
Difficulté : ●○○
Préparation : 5 min
Cuisson : 40 min

Par personne : 1 P

Pour 4 personnes
- 500 g de potiron
- 1 CS rase de crème fraîche
- 1 pincée de noix muscade
- 25 g de gruyère râpé
- sel
- poivre du moulin

- Détacher la pulpe du potiron de son écorce. La couper en gros morceaux. La mettre dans le panier d'un autocuiseur et faire cuire à la vapeur pendant 25 minutes.
- Une fois la pulpe cuite, réserver 2 cuillères à soupe de jus de cuisson. Rafraîchir le potiron à l'eau froide pour arrêter la cuisson, l'égoutter, puis le mixer pour le réduire en purée. Passer à travers une étamine pour avoir une préparation bien lisse.
- Mettre la crème fraîche dans un bol avec le jus de cuisson, mélanger.
- Allumer le gril du four.
- Disposer la purée de potiron dans un plat à four. Incorporer la crème fraîche allongée au jus de potiron. Assaisonner de sel, de poivre du moulin et de noix muscade. Parsemer du gruyère râpé. Mettre sous le gril du four pendant 15 minutes.
- Servir chaud.

accompagnement

Céleri en coque

Coût : ●○○
Difficulté : ●○○
Préparation : 20 min
Cuisson : 45 min

Pour 4 personnes
- 1 citron
- 1 boule de céleri-rave
- 80 g de lentilles
- 1 tomate
- 2 carottes
- 1 blanc de poireau
- 2 courgettes
- 1 cœur de chou frisé
- 1/2 verre de vinaigre de vin
- 1 cc de moutarde forte
- eau gazeuse (facultatif)
- 1/4 de bouquet de cerfeuil
- sel, poivre

Par personne : 1 P

- Presser le citron. Brosser énergiquement et soigneusement la boule de céleri. Découper un chapeau aux 3/4 et l'évider, d'abord à l'aide d'un couteau bien aiguisé puis d'une cuillère. Prélever le maximum de chair en prenant soin de laisser une croûte d'une épaisseur de 1 cm. L'arroser du jus de citron. Faire cuire la boule creuse et son couvercle à la vapeur ou au four à micro-ondes pendant 6 à 7 minutes. Réserver dans un plat à four.
- Porter à ébullition une casserole d'eau salée. Y jeter les lentilles et laisser cuire pendant 15 minutes.
- Pendant ce temps, plonger la tomate 1 minute dans de l'eau bouillante, la peler. Éplucher les carottes, nettoyer le poireau, les laver avec les courgettes non pelées. Rincer le chou frisé.
- Préchauffer le four à th. 5 (180 °C).
- Couper tous les légumes en fines lanières au couteau ou à la grosse râpe. Verser le tout dans une casserole chaude. Mouiller avec le vinaigre, ajouter la moutarde, le sel, le poivre et mélanger. Couvrir et laisser fondre 10 minutes. Si nécessaire, ajouter un peu d'eau gazeuse pendant la cuisson. Tous les éléments doivent être fondants.
- Laver et hacher le cerfeuil. Mettre les lentilles, le cerfeuil dans la préparation, mélanger. Verser dans la coque de céleri. Fermer avec le chapeau, enfourner et laisser cuire pendant 10 minutes. Servir aussitôt.

Recettes **végétariennes** — accompagnement

Gratin de pommes fruits et de céleri-rave

Coût : ●○○
Difficulté : ●○○
Préparation : 10 min
Cuisson : 35 min

Par personne : 1 P

Pour 4 personnes
- 1/2 céleri-rave
- 2 pommes
- 1 cc de margarine
- 3 CS de crème fraîche liquide allégée à 15 %
- 1 CS de cerfeuil haché
- sel, poivre

- Préchauffer le four à th. 7-8 (230 °C).
- Éplucher le céleri-rave, le faire cuire entier à l'autocuiseur dans l'eau salée pendant 10 minutes. Le sortir, le laisser tiédir et le couper en lamelles. Éplucher et évider les pommes, les couper en lamelles.
- Graisser un petit plat allant au four avec la margarine, y déposer les lamelles de céleri-rave et de pommes en les intercalant. Verser 12,5 cl d'eau et répartir la crème fraîche, saler légèrement et poivrer. Recouvrir d'une feuille d'aluminium. Mettre au four et laisser cuire pendant 25 minutes.
- Saupoudrer de cerfeuil haché avant de servir.

Croque-mitoufle

Coût : ●○○
Difficulté : ●○○
Préparation : 20 min
Cuisson : 10 min

Par personne : 2 P

Pour 4 personnes
- 100 g de champignons de Paris
- 2 courgettes
- 1 aubergine
- 2 gousses d'ail
- 20 g de gingembre frais
- 60 cl de bouillon de légumes
- 160 g de spaghettinis
- 1 bouquet de coriandre fraîche

- Couper le bout terreux du pied des champignons et les laver rapidement. Laver et éplucher les courgettes et l'aubergine en retirant

Recettes
végétariennes ———————————————— accompagnement

1 lamelle sur 2 de leur peau. Détailler le tout en petits cubes. Peler et dégermer l'ail. Peler le gingembre et l'émincer très finement.
- Faire suer les légumes avec l'ail et le gingembre, dans une grande poêle chaude à feu doux. Mouiller avec le bouillon. Laisser cuire pendant 10 minutes. Les légumes doivent rester croquants. Arrêter le feu quand le bouillon est pratiquement absorbé.
- Pendant ce temps, faire cuire les pâtes comme indiqué sur l'emballage et les égoutter. Les incorporer aux légumes et bien mélanger.
- Laver et ciseler la coriandre. En parsemer la préparation et servir.

Verts paquets

Coût : ●○○
Difficulté : ●○○
Préparation : 15 min
Cuisson : 20 min

Par personne : 5 1/2 P

Pour 4 personnes
- 160 g de pilpil
- 200 g de roquette
- 4 fonds d'artichauts cuits
- 4 portions de fromage fondu
- eau gazeuse ou vin de Loire pétillant
- 4 oignons verts
- 2 œufs
- 4 feuilles de brick
- poivre du moulin
- sel

- Faire cuire le pilpil comme indiqué sur l'emballage, puis l'égoutter et le laisser refroidir. Pendant ce temps, laver et essorer les feuilles de roquette. Peler les oignons verts, les hacher très finement. Couper les fonds d'artichauts en morceaux. Mettre tous ces ingrédients avec le fromage, dans un saladier et mélanger.
- Dans un bol, battre 1 œuf avec un peu d'eau, l'ajouter à la préparation. Saler, poivrer, goûter et rectifier l'assaisonnement si nécessaire. Mélanger encore.
- Passer les feuilles de brick dans l'eau pour les ramollir, puis les étaler. Au centre de chacune, déposer 1/4 de la farce. Séparer le blanc du jaune du dernier œuf.
- Fermer chaque feuille de brick comme une enveloppe en rabattant d'abord les bords latéraux et le bas puis ramener le haut par-dessus. Coller au blanc d'œuf et les dorer avec le jaune d'œuf.
- Dans une poêle antiadhésive chaude, poser les paquets. Les faire dorer pendant 3 à 4 minutes sur chaque face. Prolonger un peu la cuisson en ajoutant de l'eau gazeuse ou du vin de Loire pétillant. Servir chaud.

Recettes **végétariennes** — accompagnement

Fleur de galette au paprika

Coût : ●○○
Difficulté : ●○○
Préparation : 10 min
Cuisson : 10 min

Par personne : 2 1/2 P

Pour 4 personnes
- 30 g de flocons d'avoine
- 1 CS de lait de soja
- 1 oignon
- 1 petit bouquet de persil plat
- 2 œufs
- 4 cc de margarine
- 1 cc de paprika
- sel, poivre

- Mouiller les flocons d'avoine avec le lait de soja. Laisser gonfler pendant 4 minutes.
- Peler et hacher l'oignon. Laver et ciseler le persil. Les ajouter aux flocons. Battre les 2 œufs dans un bol. Les incorporer à la préparation.
- Former des petites galettes. Mettre la margarine dans une poêle sur feu vif. Faire cuire les galettes 3 minutes de chaque côté.
- Saupoudrer de paprika. Servir chaud en faisant se chevaucher les galettes, pour former une « fleur ».

Recettes **végétariennes** — dessert

Poires Azer

Coût : ●○○
Difficulté : ●○○
Préparation : 15 min
Cuisson : 30 min
Réfrigération : 2 h

Par personne : 2 1/2 P

Pour 4 personnes
- 160 g de riz rond
- 20 cl de lait écrémé
- 3 CS d'édulcorant de cuisson en poudre
- 3 poires
- 1/2 ananas
- 10 cl d'eau gazeuse

- Dans une casserole, porter le riz, avec le lait sucré à l'édulcorant, à ébullition à feu vif. Dès l'ébullition, baisser le feu et faire cuire le

Recettes **végétariennes** ———————————————————— *dessert*

riz jusqu'à ce que tout le lait soit absorbé. Veiller à ce qu'il ne brûle pas.
- Pendant ce temps, peler les poires, les couper en 4 et les épépiner. Couper l'ananas en 4, retirer le cœur qui est dur et couper la chair en copeaux. Les mettre dans une casserole avec l'eau gazeuse et les faire confire pendant 15 minutes. Ajouter les poires, couvrir et laisser cuire pendant 15 minutes. Les saveurs vont se mêler. Une fois la cuisson terminée, égoutter les fruits et réserver le sirop.
- Quand le riz est cuit, l'étaler sur le fond d'un plat allant au four, couvrir d'ananas. Ouvrir chaque quart de poire en éventail à l'aide d'un couteau très aiguisé. Les poser harmonieusement sur l'ananas. Napper avec le sirop.
- Laisser complètement refroidir et servir bien frais ou faire dorer au gril avant de déguster chaud.

Bananes farcies créoles

Coût : ●○○
Difficulté : ●○○
Préparation : 10 min
Cuisson : 10 min

Par personne : 2 1/2 P

Pour 4 personnes
- 2 oranges
- 1 pamplemousse
- 2 citrons jaunes très mûrs
- 4 bananes
- 1 CS d'édulcorant
- 2 CS de rhum vieux
- 4 boules de glace à la vanille

- Peler les agrumes à vif, détacher chaque quartier et prélever les chairs. Les mettre à chauffer dans une casserole avec 2 cuillères à soupe d'eau.
- Pendant ce temps, couper les bananes en 2 dans le sens de la longueur. Prélever la pulpe, l'écraser à la fourchette avec l'édulcorant. Ranger les demi-peaux des bananes dans un plat en verre. Garnir chaque moitié de purée de banane. Répartir dessus les agrumes chauds.
- Au moment de servir, les arroser de rhum vieux et flamber.
- Servir avec une boule de glace à la vanille.

Recettes **végétariennes**

Mille-feuille de fruits

Coût : ●○○
Difficulté : ●○○
Préparation : 30 min
Cuisson : 20 min
Réfrigération : 24 h

Par personne : 1 1/2 P

Pour 4 personnes

- 200 g de rhubarbe
- 3 pommes
- 4 kiwis
- 4 pêches mûres
- 4 CS d'édulcorant
- 2 bananes
- 1 citron
- 500 g de fraises
- 6 abricots
- 200 g de fromage blanc à 20 %

- Faire cuire la rhubarbe avec 1 verre d'eau pendant 20 minutes.
- Éplucher soigneusement les pommes, les kiwis et les pêches. Évider les pommes. Laver, couper en 2 et dénoyauter les pêches et les abricots. Plonger les pommes, les pêches et les abricots dans de l'eau bouillante sucrée avec 2 cuillères à soupe d'édulcorant. Les faire blanchir pendant 1 ou 2 minutes. Les couper en tranches dans le sens de la largeur.
- Peler les bananes. Émincer les kiwis et les bananes dans le sens de la longueur. Presser le citron. Plonger les fraises dans un saladier rempli d'eau légèrement citronnée, les équeuter et les émincer.
- Mélanger le fromage blanc et le reste d'édulcorant dans un bol.
- Dans un grand plat à bords hauts, étaler la rhubarbe cuite, couvrir successivement avec une rangée de bananes, de kiwis, de pêches, d'abricots, de pommes, de fromage blanc et de fraises. Recommencer, jusqu'à épuisement des fruits.
- Couvrir d'un film étirable et mettre au réfrigérateur pendant 24 heures.
- Le lendemain, couper franchement des parts avec la lame aiguisée d'un couteau, plongée auparavant dans l'eau bouillante. On peut varier les fruits composant ce mille-feuille.

Riz mon chéri

Coût : ●○○
Difficulté : ●○○
Préparation : 10 min
Cuisson : 20 min

Par personne : 6 1/2 P

Pour 4 personnes

- 120 g de riz
- 20 cl de lait de coco (1 briquette)
- 3 CS d'édulcorant de cuisson
- 8 petites figues
- 40 g d'amandes grillées

dessert

- Faire cuire le riz dans le lait de coco sucré avec l'édulcorant pendant 20 minutes, le laisser même légèrement attacher.
- Laver les figues, les ouvrir en formant des fleurs.
- Piler les amandes.
- Verser le riz dans un plat, saupoudrer d'amandes.
- Servir aussitôt avec les figues fraîches.

Râpée de pommes aux épices

Coût : ●○○
Difficulté : ●○○
Préparation : 10 min
Cuisson : 35 min

Pour 4 personnes
- 12 filets d'anchois
- 2 cuillerées à soupe de lait
- 18 languettes de pain de campagne
- 4 bulbes de fenouil parés et taillés en languettes
- poivre noir au moulin
- 2 cuillerées à soupe de lait
- 6 grandes tranches et 18 languettes de pain de campagne

Par personne : 2 1/2 P

- Préchauffer le four à th. 5 (180 °C).
- Laver les pommes, les peler. Les râper à la râpe à gros trous. Presser le citron et arroser les pommes avec le jus pour qu'elles ne noircissent pas.
- Séparer les blancs des jaunes d'œufs. Réserver les blancs. Dans un saladier, battre les jaunes avec le lait et l'édulcorant. Ajouter les pommes râpées (en garder la valeur de 2 cuillères à soupe pour la décoration).
- Saupoudrer avec la moitié des épices et mélanger.
- Battre les blancs d'œufs en neige ferme. Les incorporer délicatement à la préparation.
- Graisser un moule à manqué de 20 cm de diamètre avec 1 à 2 cuillères à café de margarine. Verser la préparation aux pommes. Parsemer les pommes râpées réservées, saupoudrer le reste d'épices et répartir le reste de margarine en petites noix.
- Enfourner et faire cuire pendant 35 minutes.
- Déguster tiède.

Recettes **végétariennes** — dessert

Carnaval en douceurs

Coût : ●○○
Difficulté : ●○○
Préparation : 20 min
Cuisson : 10 min

Par personne : 5 1/2 P

Pour 4 personnes
- 100 g de chocolat noir
- 50 g de fromage blanc
- 100 g de flocons d'avoine
- édulcorant (quantité selon goût)
- 1 mangue mûre
- 5 litchis

- Faire fondre le chocolat dans une casserole au bain-marie. Hors du feu, ajouter le fromage blanc et les flocons d'avoine. Bien mélanger, goûter et ajouter de l'édulcorant selon le goût.
- Peler la mangue, couper la chair en petits copeaux. Éplucher les litchis, les dénoyauter, les partager en 4. Incorporer délicatement les fruits à la préparation.
- Dans un plat, former des fleurs, des animaux, etc., avec la préparation à l'aide de 2 cuillères.
- Lustrer au pinceau avec 1 cuillère à café d'édulcorant fondu dans un peu d'eau bouillante. Laisser complètement refroidir.
- Déguster avec du thé, du café ou de la tisane.

Mangajean glacé

Coût : ●○○
Difficulté : ●○○
Préparation : 15 min
Cuisson : 10 min
Congélation : 2 h

Par personne : 2 1/2 P

Pour 4 personnes
- 200 g de mangues très mûres
- 3 jaunes d'œufs
- 1 CS d'edulcorant
- 200 g de fromage blanc à 0%

- Faire chauffer de l'eau dans un grand faitout contenant un saladier, pour le bain-marie.
- Couper les mangues en 4. Prélever la pulpe et la mixer.
- Verser la moitié de la pulpe dans le saladier au bain-marie. Ajouter les jaunes d'œufs, l'édulcorant et 2 cuillères à soupe d'eau. Mélan-

Recettes **végétariennes**

ger au fouet jusqu'à ce que la préparation fasse un ruban. Retirer du feu et continuer à fouetter jusqu'à complet refroidissement.
- Incorporer délicatement au fromage blanc le reste de pulpe de mangue en soulevant la préparation de bas en haut à l'aide d'une cuillère en bois.
- Répartir dans 4 ramequins. Verser dessus la première préparation et mettre au congélateur au moins pendant 2 heures avant de servir.

Tout en rouge

Coût : ●○○
Difficulté : ●○○
Préparation : 15 min
Cuisson : 35 min
Congélation : 30 min

Pour 4 personnes
- 2 ou 3 l de thé fort
- 4 oranges
- 2 CS d'édulcorant de cuisson en poudre
- 20 g de mûres
- 20 g de framboises
- 20 g de myrtilles
- 20 g de cassis
- 20 g de cerises
- 4 graines de cardamome
- 100 g de fromage blanc à 20 %
- 4 feuilles de menthe

Par personne : 1/2 P

- Préparer le thé.
- Laver et évider très soigneusement les oranges sans percer l'écorce en raclant l'intérieur. Réserver la chair et faire cuire les écorces vides dans de l'eau bouillante additionnée de 1 cuillère à soupe d'édulcorant pendant 10 minutes environ. Les retirer.
- Pendant ce temps, laver, égrapper ou dénoyauter tous les fruits rouges. Les jeter dans une casserole de thé fort avec les graines de cardamome. Porter à ébullition et la maintenir pendant 5 minutes.
- Verser le fromage blanc dans un saladier. Égoutter les fruits rouges. Les incorporer délicatement au fromage blanc. Remplir chaque écorce d'orange de cette préparation et faire prendre au congélateur pendant 30 minutes.
- Pendant ce temps, déposer la chair des oranges dans une casserole.

dessert

Recouvrir juste d'eau et ajouter 1 cuillère à soupe d'édulcorant. Laisser « compoter » jusqu'à évaporation de l'eau.
- Sur chaque assiette, disposer 1 orange glacée et 1 cuillère de compote d'orange chaude. Décorer avec une feuille de menthe.
- Servir éventuellement avec des tuiles aux amandes (à comptabiliser).

Papillotes de poires aux mendiants

Coût : ●●○
Difficulté : ●○○
Préparation : 15 min
Cuisson : 15 min

Par personne : 2 p

Pour 4 personne
- 4 pruneaux dénoyautés
- 4 abricots secs
- 40 raisins secs
- 8 cerneaux de noix
- 4 cc de rhum
- 4 cc de miel
- 4 poires

- Préchauffer le four à th. 8 (240 °C).
- Couper les pruneaux et les abricots secs en petits dés dans un saladier. Ajouter les raisins secs, les cerneaux de noix grossièrement hachés, le rhum et le miel. Mélanger.
- Laver les poires. À l'aide d'un petit couteau pointu, évider les poires non pelées en creusant jusqu'au cœur, en partant de la base du fruit. Les remplir du mélange de fruits secs puis les envelopper séparément dans une feuille de papier sulfurisé en formant une papillote.
- Enfourner et faire cuire pendant 15 minutes. Servir chaud ou tiède.

Recettes
du

Pour voyager sans se déplacer, concoctez ces plats de la cuisine internationale ! Enivrez-vous des parfums si particuliers d'Asie, des îles ou d'ailleurs.

monde

Recettes **du monde** — **brunch**

Breakfast salé-sucré

Angleterre
Coût : ●●○
Difficulté : ●○○
Préparation : 15 min
Pas de cuisson

Par personne : 5 P

Pour 2 personnes

Toasts au bacon :
- 2 tranches de pain de mie (2 x 25 g)
- 20 g de cresson
- 2 tranches de cheddar (2 x 20 g)
- 2 fines tranches de bacon (2 x 10 g)
- 2 rondelles de tomate

Toasts aux fraises :
- 2 tranches de pain de mie (2 x 25 g)
- 4 fraises
- 1 petit-suisse à 0 %
- 2 cc de cassonade

- Passer les tranches de pain de mie au grille-pain afin de les faire légèrement dorer.
- Préparer les 2 toasts au bacon : sur chaque tranche de pain grillée, répartir le cresson, mettre une tranche de cheddar, une tranche de bacon et une rondelle de tomate.
- Préparer les 2 toasts à la fraise : laver, équeuter et couper les fraises en lamelles. Malaxer le petit-suisse avec la cassonade, enduire les tranches de pain de la préparation, recouvrir de lamelles de fraises.
- Déposer un toast salé et un toast sucré dans chaque assiette. Accompagner d'un thé Darjeeling.

Délice mangue-banane

Inde
Coût : ●●○
Difficulté : ●○○
Préparation : 15 min
Pas de cuisson

Par personne : 4 P

Pour 2 personnes

Pour la crème de mangue :
- 1 mangue bien mûre (300 g de chair)
- 1 yaourt nature
- 2 cc d'édulcorant

Pour le lait à la banane :
- 1 banane (100 g)
- 40 cl de lait de soja
- 2 cc d'édulcorant

Recettes du monde

- Préparer la crème de mangue : éplucher la mangue, prélever la chair dans un bol, en réserver quelques lamelles pour la décoration. La mixer avec le yaourt et l'édulcorant. Verser dans 2 coupelles. Décorer avec les lamelles de mangue.
- Préparer le lait à la banane : peler la banane, mixer la chair dans un bol avec le lait de soja et l'édulcorant. Verser dans 2 verres.
- Servir le tout bien frais.

Frittatas

Italie
Coût : ●●○
Difficulté : ●○○
Préparation : 30 min
Cuisson : 15 min

Pour 8 personnes (32 frittatas)
- 8 œufs
- 2 CS de lait écrémé
- 2 cc d'huile d'olive
- sel, poivre

Pour la 1ʳᵉ garniture :
- 1/2 poivron rouge
- 1/2 courgette
- 1/2 oignon
- 1 cc d'huile d'olive
- 1 CS de basilic ciselé
- sel, poivre

Pour la 2ᵉ garniture :
- 1 bouquet de ciboulette
- 1 petite carotte
- 100 g de pointes d'asperges vertes en bocal
- 4 cc de petits pois frais ou surgelés

Pour la décoration :
- 4 olives noires
- 5 olives vertes

Par personne :
(4 frittatas) 2 P

- Prendre 2 saladiers. Dans chacun battre 4 œufs et 1 cuillère à soupe de lait écrémé. Saler et poivrer.
- Préparer la 1ʳᵉ garniture : laver le demi-poivron et la demi-courgette, peler le demi-oignon. Détailler en dés très fins le poivron et l'oignon. Couper la courgette en rondelles puis en petits quartiers. Mettre les

brunch

légumes préparés à cuire dans une poêle antiadhésive avec l'huile d'olive. Laisser cuire à feu vif pendant 5 minutes en remuant délicatement. Ajouter éventuellement un peu d'eau. Saler, poivrer. Verser la préparation dans le premier saladier avec les œufs, ajouter le basilic ciselé.
- Préparer la 2e garniture : laver et ciseler la ciboulette. Éplucher la carotte et la tailler en petits morceaux. Mettre les pointes d'asperges avec les petits pois et la carotte dans le second saladier avec les œufs. Ajouter la ciboulette ciselée.
- Cuire les 2 omelettes successivement dans une poêle antiadhésive de 24 cm de diamètre avec 1 cuillère à café d'huile d'olive à chaque fois. Soulevez légèrement le bord de la frittata afin que les œufs coulent en dessous. Baisser le feu, couvrir et laisser cuire pendant 5 minutes.
- Découper les 2 omelettes en petits losanges. Les présenter sur un plateau en alternant les couleurs. Décorer avec des olives noires et vertes découpées en anneaux.

Tortillas au guacamole et à la viande

Mexique
Coût : ●●○
Difficulté : ●●○
Préparation : 1 h
Cuisson : 10 min
Repos : 15 min

Pour 8 tortillas

Pour les tortillas :
- 180 g de farine de maïs (magasins diététiques)
- 1/2 cc de sel
- 1 CS de farine

Pour la farce au guacamole :
- 1/2 avocat (60 g)
- 60 g de fromage blanc à 20 %
- 1 cc de jus de citron
- 1 cc d'épices pour guacamole (sachet prêt à l'emploi)
- quelques brins de ciboulette
- 4 feuilles de laitue
- 8 rondelles de tomate
- sel, poivre

Recettes du monde — **brunch**

Pour la farce à la viande :
- 1 gousse d'ail
- 1 steak haché à 5 % (125 g)
- 1 cc d'épices mexicaines (sachet prêt à l'emploi)
- 1 cc d'huile
- 4 feuilles de laitue
- 8 rondelles de tomate
- 8 rondelles d'oignon blanc

Par tortilla : 2 P

- Préparer les tortillas : mettre la farine et le sel dans un saladier. Délayer peu à peu avec 15 cl d'eau, jusqu'à l'obtention d'une pâte molle que l'on peut pétrir à la main. Laisser reposer pendant 15 minutes.
- Diviser la pâte en 8 petites boules de la valeur d'une grosse noix. Les aplatir au rouleau sur un plan de travail légèrement fariné, avec la cuillère à soupe de farine, de façon à obtenir 8 disques de 12 cm : s'aider d'un bol pour égaliser le pourtour.
- Faire cuire chaque tortilla dans une poêle antiadhésive chaude sans matière grasse pendant 30 secondes de chaque côté, maintenir chaque galette avec une spatule métallique pour éviter que la pâte se soulève. Les tortillas sont cuites lorsque la pâte se pigmente de petits points noirs. Réserver les tortillas au fur et à mesure dans un récipient muni d'un couvercle.
- Préparer la farce au guacamole : dans un bol, mixer la chair de l'avocat avec le fromage blanc, le jus de citron et les épices.
- Préparer les 4 tortillas au guacamole : laver et ciseler la ciboulette. Poser 1 feuille de laitue sur chaque tortilla, ajouter 1/4 du guacamole, 2 rondelles de tomate et un peu de ciboulette ciselée sur chacune.
- Préparer la farce à la viande : peler et hacher l'ail. Dans un bol, malaxer le steak avec l'ail haché, les épices, saler et poivrer. Faire cuire pendant 2 minutes dans une poêle antiadhésive avec 1 cuillère à café d'huile.
- Préparer les 4 tortillas à la viande : poser 1 feuille de laitue sur chaque tortilla, ajouter 1/4 de la viande, 2 rondelles de tomate et 2 rondelles d'oignon blanc sur chacune.
- Ranger les tortillas dans un plat creux rectangulaire, les replier et les placer côte à côte pour qu'elles se maintiennent bien serrées. Servir aussitôt.

Recettes
du monde

cocktail

Nectar ananas-coco

Antilles
Coût : ●●●
Difficulté : ●○○
Préparation : 15 min

Par personne : 3 1/2 P
+ 1 P pour le rhum

Pour 8 personnes (8 verres)
- 1/2 citron vert
- 1 gros ananas
- 40 cl de lait de coco (en boîte)
- 4 CS de sirop de sucre de canne
- 16 cc de glace pilée
- 16 CS de rhum blanc (facultatif)

- Presser le demi-citron vert. Éplucher l'ananas, le couper en morceaux en retirant le cœur qui est dur. Verser le jus de citron dans le bol d'un mixeur avec le lait de coco, la chair d'ananas et le sirop de sucre de canne. Mixer jusqu'à ce que les ingrédients soient bien mélangés.
- Verser la préparation dans des verres à cocktail sur un lit de glace pilée. Ajouter éventuellement 2 cuillères à soupe de rhum blanc dans chaque verre. Servir aussitôt.

Nectar mangue-coco

Inde
Coût : ●●●
Difficulté : ●●○
Préparation : 30 min

Par personne : 4 P

Pour 8 personnes
- 1 mangue (300 g de chair)
- 40 cl de lait de coco
- 1 yaourt type bulgare
- 2 CS de miel clair liquide (tilleul, acacia, oranger)
- 1 CS de noix de coco râpée fraîche ou en sachet (20 g)
- 16 cc de glace pilée
- 4 cc d'eau de rose

- Éplucher la mangue. Prélever 8 lanières de chair, à l'aide d'un couteau économe, pour la décoration. Mettre la chair de la mangue dans le bol d'un mixeur avec le lait de coco, le yaourt et le miel. Mixer jusqu'à ce que les ingrédients soient bien mélangés. Ajouter la noix de coco râpée, donner un tour de mixeur.
- Répartir la glace pilée dans les verres à cocktail, mettre 1/2 cuillère à café d'eau de rose au fond de chaque verre, puis verser la préparation.
- Facultatif : décorer chaque verre d'une fleur de mangue réalisée avec les lanières de chair enroulées sur elles-mêmes. Servir aussitôt.

Recettes du monde — entrée

Aumônières de saumon fumé

Norvège
Coût : ●●○
Difficulté : ●○○
Préparation : 20 min
Pas de cuisson

Par personne : 5 P

Pour 4 personnes
- 1/2 radis noir
- 8 cc de crème fraîche liquide allégée à 15 % bien froide
- 200 g de fromage blanc à 20 %
- 8 cc de ciboulette ciselée
- 8 longs brins de ciboulette
- 8 tranches de saumon fumé de Norvège (300 g)
- 8 petites feuilles de laitue
- sel, poivre

- Rincer le radis noir, l'essuyer et le couper en tranches très fines sans l'éplucher.
- Monter la crème en chantilly, l'incorporer au fromage blanc, ajouter la ciboulette ciselée, saler et poivrer. Mélanger délicatement.
- Ébouillanter les brins de ciboulette pendant 1 minute pour les ramollir.
- Sur un plan de travail, étaler les tranches de saumon, les farcir de la préparation. Les refermer en aumônière. Lier avec un brin de ciboulette.
- Déposer 2 aumônières par assiette, chacune dans 1 feuille de laitue. Décorer avec des rondelles de radis noir.
- Servir bien frais.

Tortilla aux oignons

Espagne
Coût : ●○○
Difficulté : ●●○
Préparation : 20 min
Cuisson : 25 min

Par personne : 4 P

Pour 4 personnes
- 5 gros oignons
- 4 cc d'huile d'olive
- 6 œufs
- 1 pincée de piment de Cayenne
- sel, poivre

- Peler et émincer finement les oignons. Les faire fondre pendant 15 minutes à la poêle dans l'huile d'olive sur feu doux.
- Casser les œufs dans une terrine. Assaisonner de sel, de poivre et d'une pointe de piment de Cayenne. Les battre à la fourchette.

Recettes du monde

- Les verser sur les oignons. Couvrir. Dès que la tortilla est prise, la retourner en s'aidant d'un couvercle. Laisser dorer l'autre face pendant quelques instants.
- Faire glisser la tortilla sur un plat. Découper en parts et servir chaud, tiède ou froid avec une salade verte.

Rouleaux de printemps

Chine
Coût : ●●●
Difficulté : ●●○
Préparation : 50 min
Pas de cuisson
Marinade : 10 min

Par personne : 2 1/2 P

Pour 4 personnes
- 25 g de champignons noirs déshydratés
- 40 g de blanc de poulet cuit
- 40 g de rôti de porc cuit (1 tranche)
- 100 g de germes de soja
- 200 g de petites crevettes (ou 100 g décortiquées)
- 2 CS de nuoc-mâm
- 1 CS de coriandre ciselée
- 4 feuilles de riz de 22 cm de diamètre

Pour la sauce :
- 1/2 citron
- 1 gousse d'ail
- 1/4 de carotte
- 16 CS de nuoc-mâm

Pour la décoration :
- 4 branches de menthe fraîche
- 8 feuilles de laitue

- Dans un petit bol rempli d'eau, faire tremper les champignons noirs pendant 20 minutes.
- Détailler la viande en lanières.
- Couper les germes de soja assez grossièrement. Hacher les champignons noirs égouttés. Décortiquer les crevettes et les couper en 2 dans le sens de la longueur.
- Dans un saladier, mettre les germes de soja, le poulet, le porc, les crevettes, le hachis de champignons noirs. Ajouter le nuoc-mâm et la coriandre ciselée, mélanger le tout et laisser macérer pendant 10 minutes.

entrée

- Humidifier les feuilles de riz une à une, les déposer sur un plan de travail. Les remplir de farce et les rouler en serrant bien de façon à former des rouleaux solides. Réserver au réfrigérateur.
- Préparer la sauce : presser le demi-citron. Peler et hacher l'ail. Éplucher, laver et râper la carotte finement. Mettre l'ail et la carotte dans un bol, ajouter le jus de citron et le nuoc-mâm. Mélanger et répartir cette sauce dans des coupelles.
- Laver la menthe. Pour servir, couper les rouleaux de printemps en 2 avec des ciseaux, les répartir sur les assiettes de service avec les feuilles de laitue et la menthe. Accompagner d'une petite coupelle de sauce pour chaque convive.

Salade thaï au porc et au gingembre

Thaïlande
Coût : ●●○
Difficulté : ●○○
Préparation : 20 min
Cuisson : 15 min

Par personne : 3 1/2 P

Pour 4 personnes
- 400 g de filet mignon de porc
- 2 cc d'huile
- 40 g de gingembre frais
- 4 échalotes
- 1 piment frais
- 4 citrons verts
- 12 noix de cajou (20 g)
- 8 brins de menthe
- 4 CS de nuoc-mâm
- sel, poivre

- Émincer le filet de porc en fines lanières. Chauffer l'huile dans une poêle antiadhésive et faire revenir les lanières de porc pendant 12 minutes sur feu doux.
- Pendant ce temps, peler et hacher le gingembre et les échalotes. Épépiner le piment. Le couper en fines lanières.
- Presser les citrons.
- Faire revenir les noix de cajou pendant 1 minute à sec dans une poêle antiadhésive. Les hacher grossièrement. Laver et ciseler la menthe.
- Incorporer le gingembre, les échalotes, le piment et les noix de cajou à la viande puis ajouter le nuoc-mâm et le jus des citrons verts. Saler, poivrer, mélanger et retirer aussitôt du feu. Parsemer de menthe ciselée.
- Servir tiède ou froid.

Recettes du monde _____ entrée

Salade de moules à l'orange

Espagne
Coût : ●●○
Difficulté : ●○○
Préparation : 30 min
Cuisson : 5 min

Pour 4 personnes
- 600 g de moules (ou 200 g décortiquées)
- 1 oignon d'Espagne
- 1 citron
- 4 cc d'huile d'olive
- 2 CS de ciboulette ciselée
- 2 oranges
- 1 sachet de mesclun (200 g)
- sel, poivre

Par personne : 1 1/2 P

- Laver et gratter les moules. Les faire cuire à feu vif dans une grande casserole couverte en les remuant fréquemment. Dès qu'elles s'ouvrent et se détachent facilement des coquilles, les égoutter et les décortiquer.
- Peler l'oignon et l'émincer. Presser le citron. Dans un bol, préparer la sauce avec le jus de citron, l'huile d'olive, l'oignon émincé, la ciboulette ciselée, saler et poivrer. En arroser les moules encore chaudes.
- Éplucher les oranges, les peler à vif en retirant délicatement la membrane des quartiers. Les couper en tranches.
- Dans les assiettes de service, répartir la salade et les moules avec leur sauce et entourer de tranches d'orange.

Raïta aux tomates et concombre

Inde
Coût : ●○○
Difficulté : ●○○
Préparation : 15 min
Pas de cuisson
Réfrigération : 4 h

Pour 4 personnes
- 1 concombre (200 g)
- 2 petites tomates (200 g)
- 1 oignon nouveau
- 1 petit bouquet de menthe fraîche
- 2 yaourts type bulgare
- 1 cc de jus de citron
- 1 cc de cumin en poudre
- 1 cc de graines de moutarde
- sel, poivre du moulin

Par personne : 1 P

- Laver le concombre et les tomates. Enlever les extrémités du concombre. Le râper avec une grille à gros trous. Saler et réserver dans une passoire. Couper les tomates en petits quartiers. Peler et hacher finement l'oignon. Laver et effeuiller la menthe.
- Dans un saladier, mettre les yaourts, le jus de citron, l'oignon haché et le cumin. Mélanger, ajouter le concombre râpé et les tomates. Remuer le tout, donner un tour de moulin à poivre.
- Dans une poêle antiadhésive, faire revenir un instant les graines de moutarde. Les ajouter à la préparation. Mettre au frais pendant 4 heures. Décorer de feuilles de menthe ciselées. Servir bien frais.

Salade aztèque

Mexique
Coût : ●●○
Difficulté : ●○○
Préparation : 15 min
Pas de cuisson

Par personne : 3 1/2 P

Pour 4 personnes
- 120 g de haricots rouges cuits (en conserve)
- 8 mini-épis de maïs (en conserve)
- 100 g de haricots verts cuits
- 1 côte de céleri
- 2 petites tomates
- 1/2 poivron jaune
- 1/2 avocat
- 1 petit piment frais
- 1 tranche de rosbif cuit (150 g)

Pour la sauce :
- 2 CS d'huile de maïs
- 1 CS de vinaigre de cidre
- 1 cc de Tabasco
- 2 CS de persil haché
- sel, poivre

- Rincer et égoutter les légumes en conserve. Enlever les fils du céleri, le couper en rondelles. Couper les tomates en quartiers, le poivron en lanières et l'avocat en billes. Hacher le piment frais. Couper la viande en petits morceaux.
- Dans un saladier transparent, verser l'huile, le vinaigre, le Tabasco, du sel et du poivre. Ajouter tous les légumes et féculents, la viande et le persil. Bien mélanger. Servir.

___
entrée

Raïta d'aubergine

Inde
Coût : ●●○
Difficulté : ●○○
Préparation : 15 min
Cuisson : 12 min
Réfrigération : 4 h

Par personne : 1/2 P

Pour 4 personnes
- 1 aubergine (300 g)
- 1 tomate (100 g)
- 1 piment frais
- 1 oignon rouge
- 2 cc de garam masala (épices indiennes)
- 1 yaourt au lait entier
- sel

- Inciser l'aubergine, la faire cuire au four à micro-ondes à couvert avec un petit fond d'eau pendant 8 minutes : la chair doit être tendre. Lorsque l'aubergine est refroidie, la peler et la détailler en petits dés.
- Peler la tomate, la concasser, émincer le piment. Peler et émincer l'oignon, le faire suer dans une poêle antiadhésive avec un peu d'eau. Ajouter la tomate, le piment, le garam masala et du sel tout en remuant. Laisser colorer pendant 1 minute, ajouter les dés d'aubergine. Continuer la cuisson en remuant pendant 3 minutes.
- Verser la préparation dans un saladier, incorporer le yaourt. Mixer et réserver au frais pendant au moins 4 heures. Présenter le raïta bien froid dans une jatte tapissée éventuellement de feuilles de bananier.
- Accompagner de petits pains indiens : naans ou parathas (à comptabiliser).

Œufs à la bulgare

Europe de l'est
Coût : ●○○
Difficulté : ●●○
Préparation : 10 min
Cuisson : 10 min

Par personne : 3 P

Pour 4 personnes
- 2 CS de vinaigre d'alcool
- 4 œufs

Pour la sauce :
- 1/2 citron
- 1 yaourt type bulgare
- 1 CS d'estragon frais ciselé
- sel, poivre

Pour la décoration :
- 8 feuilles de batavia
- 4 cc d'œufs de lump
- 1 bouquet de persil

Recettes **du monde** — entrée

- Préparer la sauce : presser le demi-citron. Mélanger le yaourt avec le jus de citron, l'estragon, saler et poivrer. Réserver au frais.
- Préparer un saladier d'eau glacée. Dans une casserole, faire chauffer 2 litres d'eau. Ajouter le vinaigre d'alcool. Quand l'eau commence à frémir, casser les œufs et les faire glisser dans l'eau un par un. Ramener aussitôt le blanc autour du jaune avec une écumoire en prenant soin de ne pas crever ce dernier. Laisser cuire chaque œuf pendant 2 minutes 30. Pour aller plus vite, on peut en cuire 2 en même temps. Au fur et à mesure, enlever les œufs cuits avec l'écumoire et les plonger tout de suite dans l'eau glacée. Les égoutter sur un papier absorbant.
- Dans chaque assiette de service, disposer 2 feuilles de batavia, puis 1 œuf poché, napper de sauce et décorer le dessus des œufs avec des œufs de lump et le persil ciselé.
- Servir sans attendre.
- Pour une entrée plus raffinée, on peut remplacer les œufs de lump par du caviar.

Recettes **du monde** — viande

Boulettes orientales

Liban
Coût : ●○○
Difficulté : ●○○
Préparation : 15 min
Cuisson : 25 min

Par personne : 3 1/2 P

Pour 4 personnes
- 500 g de viande de bœuf hachée à 5 %
- 4 cc de pignons de pin hachés (20 g)
- 400 g de coulis de tomates
- 2 cc de semoule fine
- 1 oignon
- 1/2 cc de cumin
- sel, poivre

- Dans un saladier, mélanger la viande hachée, le cumin, la semoule et les pignons de pin hachés. Saler, poivrer et malaxer le tout.
- Former des petites boulettes en roulant chaque fois une petite quantité de viande sur un plan de travail.

Recettes du monde — viande

- Peler et émincer l'oignon. Le faire suer pendant 5 minutes dans une poêle antiadhésive avec un fond d'eau. Ajouter le coulis de tomates. Mettre les boulettes dans une sauteuse, verser la sauce par-dessus. Laisser mijoter les boulettes à feu doux pendant 20 minutes en les recouvrant de sauce de temps en temps.
- Servir chaud avec du riz (à comptabiliser).

Pain de viande à la betterave

Suède
Coût : ●○○
Difficulté : ●○○
Préparation : 30 min
Cuisson : 30 min
Réfrigération : 10 h

Par personne : 5 P

Pour 4 personnes
- 480 g de rôti de veau
- 150 g de pommes de terre cuites à l'eau
- 4 petits oignons
- 1 petit bouquet de persil
- 40 g de mie de pain rassis
- 100 g de betterave rouge cuite
- 100 g de cornichons
- 1 œuf
- 2 cc de margarine
- sel, poivre

- Préchauffer le four à th. 7-8 (230 °C).
- Hacher le veau. Écraser les pommes de terre. Peler et hacher les oignons, les faire suer dans une poêle antiadhésive avec un peu d'eau. Laver le persil. Émietter la mie de pain. Hacher finement la betterave rouge au robot. Ciseler le persil et couper grossièrement les cornichons.
- Mettre tous les ingrédients dans un saladier, ajouter l'œuf. Saler suffisamment, poivrer. Bien mélanger le tout.
- Enduire un moule à cake antiadhésif de margarine. Y verser la préparation, bien égaliser le dessus avec une spatule. Mettre le moule au bain-marie. Enfourner et cuire pendant 30 minutes.
- Lorsque le pain de viande est refroidi, réserver au réfrigérateur pendant environ 10 heures.
- Servir avec des feuilles de salade et des oignons au vinaigre.

Recettes du monde

Poulet tandoori

Inde
Coût : ●○○
Difficulté : ●○○
Préparation : 20 min
Cuisson : 12 min
Marinade : 8 h

Par personne : 3 P

Pour 4 personnes
- 4 blancs de poulet (4 x 130 g)
- 3 gousses d'ail
- 2 yaourts nature à 0 %
- 1 cc de gingembre en poudre
- 2 cc de paprika doux
- 1/2 cc de piment en poudre
- 1 cc de coriandre
- 1 cc de cumin
- 1 CS de jus de citron
- 1/2 cc de poivre noir
- 1 pincée de sel

- Couper les blancs de poulet en lanières, les saler. Éplucher l'ail et le hacher. Dans un bol, verser les yaourts, ajouter les épices, l'ail et le jus de citron, poivrer, mélanger. Mettre les lanières de poulet dans un plat creux et les napper de la préparation au yaourt. Laisser mariner 8 heures au réfrigérateur.
- Allumer le gril du four. Ranger les morceaux de poulet dans un plat en terre cuite. Faire cuire sous le gril pendant 12 minutes. Retourner à mi-cuisson en badigeonnant le poulet de marinade.
- Servir aussitôt.

Lamelles aux poivrons

Chine
Coût : ●●●
Difficulté : ●○○
Préparation : 15 min
Cuisson : 14 min

Par personne : 3 1/2 P

Pour 4 personnes
- 100 g de poivron vert
- 100 g de poivron rouge
- 100 g d'oignons
- 1 gousse d'ail
- 1 bouquet de coriandre
- 480 g de filet de bœuf
- 4 cc d'huile de sésame
- sel, poivre

- Laver, épépiner et couper les poivrons en fines lamelles. Peler et émincer les oignons. Peler et écraser la gousse d'ail. Laver et hacher la coriandre.
- Couper le bœuf en fines lamelles, saler et poivrer. Dans une sauteuse, faire revenir les lamelles de bœuf dans l'huile de sésame pendant 4 minutes en remuant fréquemment.
- Ajouter les poivrons, l'ail, l'oignon. Laisser cuire pendant 10 minutes toujours en remuant. Saupoudrer de coriandre. Servir bien chaud avec un riz parfumé (à comptabiliser).

Poêlée de canard aux ciboules

Chine
Coût : ●●○
Difficulté : ●○○
Préparation : 15 min
Cuisson : 10 min

Par personne : 5 P

Pour 4 personnes
- 500 g d'aiguillettes de canard
- 1/2 poivron jaune
- 1 petite courgette
- 1 gousse d'ail
- 4 ciboules
- 1 CS d'huile d'arachide
- 1 pincée de gingembre en poudre
- 1 bouquet de coriandre
- 1 CS de vinaigre de vin
- 1 CS de sauce soja

- Couper les aiguillettes de canard en fines lamelles. Épépiner le poivron, le couper en fines lanières assez longues. Couper les extrémités de la courgette. Sans l'éplucher, la laver et la couper en fins bâtonnets. Peler et écraser l'ail. Laver et couper les ciboules en tronçons, puis les recouper en 2 dans le sens de la longueur.
- Dans un wok antiadhésif, faire chauffer l'huile. Verser tous les ingrédients préparés, ajouter une pincée de gingembre et faire cuire pendant 8 minutes en remuant sans cesse avec une spatule en bois. Laver et ciseler la coriandre. Verser le vinaigre de vin et la sauce soja, remuer et laisser cuire encore pendant 2 minutes.
- Décorer de coriandre ciselée.
- Servir avec du riz blanc (à comptabiliser).

Recettes du monde — viande

Rôti de porc laqué au miel

Chine
Coût : ●○○
Difficulté : ●●○
Préparation : 15 min
Cuisson : 50 min

Par personne : 7 P

Pour 4 personnes
- 1 rôti de porc de 500 g dans le filet
- 1 boîte d'ananas en rondelles au jus naturel (6 tranches)
- sel, poivre

Pour le glaçage :
- 4 CS de miel liquide
- 4 CS de jus de citron vert
- 1 cc de vinaigre balsamique
- 1 pincée de piment de Cayenne

- Préchauffer le four à th. 7-8 (230 °C).
- Placer le rôti dans un plat allant au four. Saler et poivrer. Égoutter les rondelles d'ananas (en récupérant le jus) et les accrocher sur le dessus du rôti avec des piques en bois. Verser 12,5 cl du jus d'ananas dans le plat. Enfourner et cuire pendant 30 minutes. Saler, poivrer.
- Préparer le glaçage : mélanger le miel, le jus de citron vert, le vinaigre et le piment de Cayenne.
- Sortir le rôti du four. Le badigeonner ainsi que les ananas avec le glaçage. Enfourner à nouveau pendant 20 minutes. En cours de cuisson arroser à plusieurs reprises avec la sauce. Servir bien chaud avec du riz (à comptabiliser) ou des petits légumes (poivron, aubergine, tomate, courgette, ciboule).

Steak haché à la hongroise

Hongrie
Coût : ●○○
Difficulté : ●○○
Préparation : 15 min
Cuisson : 10 min

Par personne : 4 1/2 P

Pour 4 personnes
- 6 petits oignons nouveaux
- 1/2 poivron rouge
- 500 g de steak haché à 5 %
- 2 CS de paprika
- 10 cl de coulis de tomates
- 1 pointe de piment de Cayenne
- 1 yaourt brassé nature
- 2 cc d'huile
- 1/2 citron
- sel, poivre

Recettes du monde

- Peler et hacher les oignons. Laver le demi-poivron, l'épépiner et le couper en petits dés. Chauffer l'huile dans une poêle. Y faire revenir les oignons et les dés de poivron pendant 5 minutes sur feu doux.
- Retirer les oignons de la poêle et y faire cuire la viande hachée pendant 2 minutes sur feu vif en l'écrasant à la fourchette. Ajouter le paprika, le coulis de tomates puis la fondue d'oignons et de poivron. Poursuivre la cuisson pendant 2 minutes en mélangeant. Assaisonner de sel, de poivre et d'une pointe de piment de Cayenne.
- Presser le demi-citron et battre le yaourt avec le jus. Hors du feu, l'incorporer à la préparation. Chauffer sans faire bouillir. Servir aussitôt.
- Accompagner d'une purée de pommes de terre (à comptabiliser).

Recettes du monde   viande et poisson

Fondue chinoise

Chine
Coût : ●●●
Difficulté : ●○○
Préparation : 30 min
Cuisson : 10 à 20 secondes par bouchée
Réfrigération : 15 min

Pour 4 personnes
- 340 g de filet de bœuf
- 2 blancs de poulet (2 x 130 g)
- 4 noix de Saint-Jacques
- 120 g de crevettes décortiquées
- 1 citron
- 1 cœur de salade (batavia ou romaine)
- 150 g de champignons de Paris
- 100 g de pousses de bambou (en conserve)
- 50 g de gingembre frais
- 4 ciboules
- 1 petit bol de sauce soja
- 1 petit bol de sauce aux huîtres
- 2 tablettes de bouillon de volaille
- 4 œufs extra-frais

Par personne : 5 1/2 P

- Mettre le filet de bœuf, les blancs de poulet et les noix de Saint-Jacques 15 minutes au congélateur afin qu'ils raffermissent. Les couper alors en très fines tranches. Partager les crevettes en 2 dans la longueur. Disposer ces éléments sur des assiettes bien froides.

- Presser le citron. Rincer et essorer le cœur de salade. Le ciseler. Retirer le bout terreux des champignons, les laver, les essuyer et les émincer. Les arroser du jus du citron. Rincer et égoutter les pousses de bambou. Répartir également ces ingrédients dans des coupelles.
- Peler le gingembre, le râper. Laver les ciboules, les émincer, mettre dans des petits bols ainsi que les sauces.
- Faire fondre les tablettes de bouillon dans 1 litre d'eau bouillante. Verser ce bouillon dans un poêlon. Le maintenir au chaud sur un réchaud de table. Chacun y trempera les viandes ou fruits de mer de son choix puis les accompagnera des condiments et crudités.
- À la fin du repas, chaque convive casse un œuf dans son bol avant de verser dessus une louche du bouillon brûlant parfumé par les cuissons successives des ingrédients.

Recettes **du monde** — poisson

Curry de thon au lait de coco

Thaïlande
Coût : ●●○
Difficulté : ●○○
Préparation : 20 min
Cuisson : 15 min

Par personne : 5 1/2 P

Pour 4 personnes
- 2 citrons verts
- 480 g de thon frais
- 2 gros oignons
- 4 brins de coriandre
- 16,5 cl de lait de coco (1 petite boîte)
- 2 cc d'huile
- 1 CS de curry
- sel, poivre

- Presser les citrons. Retirer la peau du thon ainsi que l'arête centrale. Couper la chair en cubes de 2 cm de côté. Les saler et les arroser du jus des citrons verts. Réserver.
- Peler et émincer les oignons. Les faire revenir pendant 5 à 6 minutes à la poêle dans l'huile jusqu'à ce qu'ils commencent à dorer. Saupoudrer de curry. Bien mélanger. Verser le lait de coco. Laisser frémir pendant 2 minutes.
- Égoutter les cubes de thon. Les ajouter dans la poêle. Laisser cuire pendant 8 minutes en remuant souvent. Rectifier l'assaisonnement. Laver la coriandre. Parsemer de coriandre ciselée.
- Servir avec un riz thaï (à comptabiliser).

Recettes du monde — poisson

Colombo de thon

Antilles
Coût : ●●●
Difficulté : ●○○
Préparation : 15 min
Cuisson : 30 min

Par personne : 5 P

Pour 4 personnes
- 2 tomates
- 1 oignon blanc
- 2 cc de colombo (mélange d'épices créoles)
- 12,5 cl de bouillon de bœuf dégraissé
- 2 steaks de thon rouge sans arête (2 x 240 g)
- 10 cl de lait de coco
- 2 CS de noix de coco râpée
- sel, poivre

- Peler les tomates, les couper en petits morceaux. Peler et hacher l'oignon, le faire suer dans une cocotte avec un peu d'eau.
- Ajouter les tomates concassées et le colombo. Mélanger et mouiller avec le bouillon de bœuf. Ajouter le thon, l'imprégner de sauce, couvrir et laisser cuire à feu doux pendant 15 minutes.
- Verser le lait de coco et la noix de coco râpée, saler et poivrer. Poursuivre la cuisson à feu doux pendant 15 minutes. Présenter les steaks partagés en 2 et nappés de sauce.

Morue aux olives

Portugal
Coût : ●●○
Difficulté : ●○○
Préparation : 20 min
Cuisson : 30 min
Dessalage : 2 h

Par personne : 4 1/2 P

Pour 4 personnes
- 400 g de filet de morue salée
- 400 g de tomates
- 2 gousses d'ail
- 1 oignon rose
- 1 sachet de bouquet garni
- 1 CS de persil haché
- 8 olives noires dénoyautées
- 2 œufs durs
- sel, poivre

- Faire tremper les filets de morue dans l'eau froide pendant 2 heures pour les dessaler. Plonger les tomates quelques secondes dans de l'eau bouillante, les peler, les épépiner et les concasser. Peler et

Recettes **du monde**

presser les gousses d'ail. Peler l'oignon et l'émincer. Le faire suer à feu doux dans une poêle antiadhésive avec un peu d'eau pendant 10 minutes. Ajouter les tomates concassées, l'ail pressé, le bouquet garni et le persil. Saler et poivrer, laisser mijoter encore pendant 10 minutes.

- Mettre les filets de morue dans une sauteuse, les couvrir d'eau froide et porter à frémissements sur feu très doux. Maintenir la cuisson ainsi pendant 10 minutes. Égoutter.
- Hacher les olives. Déposer les filets de morue dans un plat, les napper de coulis de tomates. Décorer avec des rondelles d'œufs durs et les olives noires hachées.
- Servir bien chaud avec des rondelles de pommes de terre cuites à l'eau ou à la vapeur (à comptabiliser).

Sole à l'orange

Tunisie
Coût : ●●○
Difficulté : ●○○
Préparation : 15 min
Cuisson : 13 min

Par personne : 3 1/2 P

Pour 4 personnes
- 4 filets de sole (4 x 140 g)
- 2 branches de persil plat
- 80 g de chapelure
- 3 oranges
- 1 citron
- 4 cc d'huile d'olive
- sel, poivre

- Saler et poivrer les filets de sole. Laver et ciseler le persil. Mettre la chapelure sur une assiette. Enduire les filets, de chaque côté avec la chapelure. Secouer pour enlever l'excédent.
- Presser le jus de 2 oranges et du citron. Peler à vif l'autre orange, la couper en tranches fines. Faire chauffer l'huile dans une grande poêle. Dorer les filets 5 minutes de chaque côté en veillant à ce qu'ils n'attachent pas. Réserver au chaud. Dégraisser la poêle en l'essuyant avec un papier absorbant. Mettre le jus d'orange et de citron. Laisser réduire à feu doux 3 minutes.
- Verser la sauce sur les filets de sole chauds. Parsemer de persil et entourer des tranches d'oranges coupées en 2.

poisson

Langoustines flambées à la vanille

Martinique
Coût : ●●●
Difficulté : ●○○
Préparation : 30 min
Cuisson : 12 min
Marinade : 20 min

Par personne : 3 P

Pour 4 personnes
- 1 gousse de vanille fraîche (sous vide)
- 1 CS d'huile d'olive
- 3 blancs de poireaux
- 800 g de langoustines (24 langoustines)
- 2 CS de rhum blanc
- sel, poivre

- Fendre la gousse de vanille en 2. La mettre dans un bol avec l'huile. Libérer les petits grains de vanille en pressant la gousse, mélanger et laisser infuser pendant 20 minutes.
- Pendant ce temps, couper les blancs de poireaux en fines rondelles. Les faire suer dans une poêle antiadhésive avec un fond d'eau pendant 10 minutes. Saler et poivrer. Réserver au chaud.
- Découper les langoustines en 2 dans le sens de la longueur avec un couteau bien aiguisé. Les étaler dans un plat allant au four à micro-ondes en mettant le côté carapace sur le fond du plat. Badigeonner les demi-langoustines avec un pinceau imbibé d'huile à la vanille. Faire cuire au four à micro-ondes, puissance maximale, pendant 2 minutes.
- Faire chauffer le rhum dans une casserole. Dès qu'il est bouillant, le verser sur les langoustines chaudes et flamber. Servir aussitôt en répartissant les langoustines sur des assiettes de service avec un peu de fondue de poireaux bien chaude.

Haddock poché aux pommes de terre

Danemark
Coût : ●○○
Difficulté : ●○○
Préparation : 15 min
Cuisson : 15 min
Dessalage : 1 h

Par personne : 4 P

Pour 4 personnes
- 500 g de filet de haddock
- 3 pommes de terre (400 g)
- 50 cl de lait écrémé
- 1/2 cc de noix muscade
- 4 CS rases de crème fraîche épaisse allégée à 15 %
- 1 CS d'aneth ciselé
- sel, poivre

Recettes **du monde** — poisson

- Faire dessaler le haddock pendant 1 heure dans de l'eau froide.
- Éplucher les pommes de terre, les couper en petits cubes, les rincer et les égoutter. Dans une casserole, porter le lait à ébullition. Y mettre le haddock, les dés de pommes de terre et la pincée de noix muscade. Laisser cuire pendant 15 minutes à feu doux. Égoutter et verser dans un plat creux.
- Mélanger la crème fraîche, l'aneth, saler et poivrer. Faire chauffer pendant 30 secondes au four à micro-ondes. Verser la crème sur le haddock aux pommes de terre. Servir bien chaud.

Recettes **du monde** — accompagnement

Yorkshire pudding

Angleterre
Coût : ●○○
Difficulté : ●○○
Préparation : 15 min
Cuisson : 35 min

Par personne : 3 1/2 P

Pour 4 personnes
- 1 yaourt à 0 %
- 10 cl de lait écrémé
- 1 cc de margarine
- 1/2 tablette de bouillon de bœuf dégraissé
- 1/2 cc de noix muscade râpée
- 1 pincée de sel
- 3 œufs
- 4 oignons
- 120 g de farine

- Préchauffer le four à th. 6 (200 °C).
- Préparer 12,5 cl de bouillon de bœuf en diluant la demi-tablette dans 12,5 cl d'eau chaude.
- Peler les oignons, les couper en 4. Les mettre dans un plat en verre culinaire avec le bouillon. Faire cuire au four à micro-ondes pendant 10 minutes : les oignons doivent être fondants. Les égoutter.
- Dans un saladier, mettre la farine, les œufs, le yaourt, le lait, la noix muscade et la pincée de sel. Mélanger afin d'obtenir une pâte homogène. Ajouter les oignons cuits et fouetter le tout.
- Graisser un plat allant au four avec la margarine. Y verser la préparation, enfourner et faire cuire pendant 25 minutes. Servir chaud avec une viande rôtie, ou froid avec du jambon (à comptabiliser) et de la salade.

Recettes du monde

plat complet

Croque à la polenta

Italie
Coût : ●○○
Difficulté : ●○○
Préparation : 45 min
Cuisson : 23 min

Pour 4 personnes

Pour la garniture :
- 60 g de champignons de Paris frais
- 2 oignons rouges
- 1 tomate
- 1/2 poivron vert
- 16 CS de coulis de tomates
- 1 boule de mozzarella (125 g)
- 1 cc d'origan
- 1 cc d'huile d'olive
- 1 bouquet de basilic
- sel, poivre du moulin

Pour la pâte :
- 75 g de farine de blé
- 125 g de polenta minute
- 1 sachet de levure chimique
- 1 œuf
- 15 cl de lait écrémé
- 1 cc d'huile d'olive
- sel, poivre

Par personne : 7 P

- Allumer le gril du four.
- Préparer la garniture : laver et éplucher les légumes. Couper les champignons en lamelles, les oignons et la tomate en rondelles, le poivron en lanières.
- Préparer la pâte : mélanger la farine, la polenta et la levure dans un saladier. Faire un puits, ajouter l'œuf, le lait, du sel et du poivre et mélanger. Diviser la pâte en 4 portions.
- Avec un pinceau, badigeonner d'huile une poêle à blinis. Verser une portion de pâte et faire cuire pendant 5 minutes de chaque côté. Renouveler l'opération afin d'obtenir 4 fonds de tartelette ou, pour aller plus vite, utiliser 2 poêles simultanément.
- Déposer les 4 tartelettes dans un grand plat allant au four, les imbiber de coulis de tomates, répartir les légumes détaillés et déposer sur chaque croque une rondelle de mozzarella. Saupoudrer d'origan, donner un tour de moulin à poivre, arroser de 1 cuillère à café d'huile d'olive et saler.
- Placer sous le gril du four pendant 3 minutes.
- Laver le basilic. Décorer de basilic frais et servir.

Recettes du monde

plat complet

Ananas farcis

Thaïlande
Coût : ●●●
Difficulté : ●○○
Préparation : 40 min
Cuisson : 20 min

Pour 4 personnes
- 2 petits ananas
- 2 feuilles de citronnelle
- 2 piments rouges frais
- 120 g de rôti de porc cuit conditionné sous vide (ou 2 tranches épaisses de jambon blanc)
- 1 CS de pâte de curry
- 20 cl de lait de coco (1 briquette)
- 4 CS de sauce de poisson (nuoc-mâm)
- 1 CS de miel
- 240 g de crevettes décortiquées
- 360 g de riz blanc cuit

Par personne : 6 1/2 P

- Couper les ananas en 2 dans le sens de la longueur, en conservant le plumet. Les évider en prenant soin de ne pas percer l'écorce. Hacher la chair et la réserver. Laver et hacher la citronnelle. Émincer les piments. Couper le porc en petits morceaux.
- Préchauffer le four à th. 7-8 (230 °C).
- Dans un wok antiadhésif, saisir la pâte de curry sur feu vif. Verser immédiatement le lait de coco. Mélanger avec une spatule en bois. Ajouter la chair de l'ananas, la sauce de poisson, le miel, les crevettes, le porc coupé en petits morceaux, la citronnelle hachée et les piments émincés. Laisser cuire pendant 10 minutes à feu doux.
- Hors du feu, ajouter le riz cuit et mélanger. Répartir cette farce dans les demi-ananas.
- Au moment de servir, faire rôtir les ananas à four chaud pendant 10 minutes.

Recettes du monde — **plat complet**

Tajine de légumes farcis

Maroc
Coût : ●●○
Difficulté : ●○○
Préparation : 20 min
Cuisson : 35 min

Pour 4 personnes
- 2 aubergines
- 1 courgette
- 2 poivrons
- 1 bouquet de menthe fraîche (pour la décoration)

Pour la farce :
- 2 gousses d'ail
- 1 oignon
- 400 g de viande hachée à 5 %
- 1/2 cc de quatre-épices
- 200 g de riz cuit
- sel, poivre

Pour la sauce :
- 1 oignon
- 1 boîte de 400 g de tomates concassées
- sel, poivre

Par personne : 2 P

- Préchauffer le four à th. 8-9 (250 °C).
- Laver les légumes, les équeuter et les couper en 2 dans le sens de la longueur. Évider les aubergines et les courgettes et réserver la chair. Épépiner les poivrons.
- Préparer la farce : peler les gousses d'ail et l'oignon, les hacher finement, les incorporer à la viande avec le quatre-épices, saler et poivrer. Malaxer cette préparation avec le riz cuit.
- Remplir les moitiés de légumes de farce. Les ranger dans un tajine ou un plat allant au four.
- Préparer la sauce : peler l'oignon, le hacher et le faire suer pendant 5 minutes dans une poêle antiadhésive avec un peu d'eau. Ajouter les tomates concassées ainsi que la chair des légumes évidés. Saler et poivrer. Verser cette sauce dans le plat autour des légumes.
- Mettre à cuire à four chaud pendant 30 minutes. Arroser de sauce en cours de cuisson. Si besoin, ajouter un peu d'eau.
- Laver la menthe. Servir chaud, nappé de sauce. Décorer de menthe fraîche.

Recettes **du monde** — **plat complet**

Pâtes printanières (pasta primavera)

Italie
Coût : ●●●
Difficulté : ●○○
Préparation : 15 min
Cuisson : 7 min

Par personne : 3 1/2 P

Pour 4 personnes
- 1 courgette
- 100 g de pois gourmands (de petite taille)
- 100 g de fèves
- 2 cc d'huile d'olive
- 1 cc de jus de citron
- 1 botte de ciboulette fraîche
- quelques brins de persil plat
- 1 pincée de gros sel
- 375 g de pâtes fraîches en ruban (tagliatelle ou fettucine)
- sel, poivre du moulin

- Laver la courgette et les pois gourmands. Avec un couteau économe, faire des tagliatelles de courgette.
- Écosser les fèves. Les mettre à cuire dans une petite casserole d'eau bouillante salée pendant 2 minutes. Égoutter et enlever les peaux.
- Dans une autre casserole d'eau bouillante salée, faire cuire les tagliatelles de courgette et les pois gourmands pendant 2 minutes. Égoutter.
- Réserver tous les légumes au chaud, les arroser avec 1 cuillère à café d'huile d'olive et 1 cuillère à café de jus de citron. Laver la ciboulette et le persil, hacher la ciboulette.
- Dans une casserole, faire bouillir 2 litres d'eau, ajouter 1 cuillère à café d'huile d'olive et 1 pincée de gros sel. Jeter les pâtes et laisser cuire pendant 2 à 3 minutes (cuisson « al dente »). Égoutter.
- Verser les pâtes dans un plat de service, répartir harmonieusement les légumes réservés.
- Donner un tour de moulin à poivre.
- Parsemer de ciboulette hachée et de feuilles de persil.
- Servir sans attendre.

Recettes du monde — plat complet

Riz cantonais

Chine
Coût : ●●○
Difficulté : ●○○
Préparation : 15 min
Cuisson : 15 min

Par personne : 5 P

Pour 4 personnes
- 100 g de thon au naturel (1 petite boîte)
- 75 g de petits pois surgelés
- 1 steak haché à 5 % (125 g)
- 200 g de riz blanc
- 2 œufs
- 1 cc d'huile d'arachide
- 1 bouquet de coriandre
- sel, poivre

- Égoutter le thon. Verser le riz dans une grande quantité d'eau bouillante salée. Laisser cuire à feu doux pendant 15 minutes. Égoutter et réserver au chaud.
- Pendant ce temps, faire cuire les petits pois pendant 3 minutes dans une petite quantité d'eau bouillante salée. Égoutter et réserver au chaud.
- Dans une poêle antiadhésive, faire griller le steak pendant 5 minutes. Saler, poivrer et émietter.
- Dans un saladier, battre les œufs en omelette, saler et poivrer. Chauffer l'huile dans une petite poêle et cuire l'omelette pendant 2 minutes, puis la couper en lanières.
- Dans un plat de service, mélanger tous les ingrédients.
- Saupoudrer de coriandre ciselée et servir.

Recettes du monde — *dessert*

Salade d'oranges aux noix

Espagne
Coût : ●○○
Difficulté : ●○○
Préparation : 20 min
Cuisson : 4 min

Pour 4 personnes
- 2 oranges Navel
- 35 g de cerneaux de noix
- 2 cc de miel liquide (oranger, châtaignier)

Pour la mousse :
- 2 blancs d'œufs
- 1 pincée de sel
- 200 g de fromage blanc à 0 %
- 4 CS rases de crème fraîche épaisse allégée à 15 %
- 2 cc d'édulcorant

Par personne : 3 1/2 P

- Préparer la mousse : battre les blancs d'œufs en neige avec la pincée de sel. Mélanger le fromage blanc, la crème fraîche et l'édulcorant. Incorporer délicatement les blancs en neige.
- Allumer le gril du four.
- Peler les oranges, les trancher à vif en enlevant les peaux blanches. Écraser les cerneaux de noix, les imbiber de miel. Mettre ce mélange sous le gril du four pendant 4 minutes. Réserver.
- Répartir la mousse de fromage blanc dans 4 assiettes à dessert. Disposer des tranches d'oranges sur le dessus et napper de cerneaux de noix au miel.

Coupes meringuées aux myrtilles

Norvège
Coût : ●●○
Difficulté : ●●○
Préparation : 15 min
Cuisson : 2 min

Pour 4 personnes
- 200 g de myrtilles surgelées
- 3 blancs d'œufs
- 1 pincée de sel
- 3 CS d'édulcorant
- 4 boules de glace à la vanille

Par personne : 1 1/2 P

- Faire décongeler les myrtilles. Allumer le gril du four.
- Battre les blancs en neige avec la pincée de sel. Quand ils deviennent mousseux, ajouter l'édulcorant. Continuer de battre jusqu'à ce que la neige soit bien ferme.

Recettes
du monde

- Dans 4 coupes en verre culinaire, déposer 50 g de myrtilles, 1 boule de glace et recouvrir de meringue en utilisant une poche à douille de façon à réaliser un dôme élégant.
- Mettre les coupes sous le gril pendant 2 minutes.
- Servir aussitôt.

Tiramisù aux fruits

Italie
Coût : ●●○
Difficulté : ●●○
Préparation : 20 min
Pas de cuisson
Réfrigération : 6 h

Par personne : 2 1/2 P

Pour 4 personnes
- 100 g de framboises surgelées
- 3 feuilles de gélatine
- 120 g de ricotta
- 180 g de fromage blanc à 0 %
- 4 CS d'édulcorant
- 2 blancs d'œufs
- 4 biscuits à la cuiller
- 300 g de cerises fraîches ou en conserve au naturel
- 1 petit bouquet de menthe

- Faire décongeler les framboises. Mettre la gélatine à tremper dans de l'eau froide pour la ramollir. Récupérer 3 cuillères à soupe de jus des framboises. Le chauffer et y délayer les feuilles de gélatine égouttées.
- Dans le bol d'un mixeur, verser la ricotta, le fromage blanc, les framboises, la gélatine et l'édulcorant. Mixer rapidement afin d'obtenir un mélange homogène. Battre les blancs d'œufs en neige et les incorporer délicatement à la préparation.
- Dans le fond d'une boîte ronde en plastique alimentaire (18 à 20 cm de diamètre), émietter grossièrement les biscuits à la cuiller. Déposer les cerises, en prenant soin qu'elles tapissent bien le pourtour du récipient. Verser la préparation. Faire prendre au réfrigérateur pendant 6 heures.
- Laver la menthe. Démouler sur un plat de service.
- Décorer avec le bouquet de menthe.

dessert

Fraîcheur exotique

Cuisine des îles
Coût : ●●●
Difficulté : ●●○
Préparation : 20 min
Cuisson : 3 min
Réfrigération : 4 h

Pour 4 personnes
- 6 feuilles de gélatine (6 x 2 g)
- 2 kiwis
- 100 g de fraises
- 8 carambolas
- 1 boîte de billes de melon (200 g)
- 1 boîte de dés de papaye (200 g)
- 12 litchis
- 12 cassis surgelés
- 50 cl de sauternes
- 4 CS de sirop de sucre de canne
- 1 bouquet de menthe
- 4 boules de glace à la vanille

Par personne : 4 1/2 p

- Faire ramollir les feuilles de gélatine dans un bol d'eau froide. Éplucher les kiwis. Laver et équeuter les fraises, les couper en lamelles. Laver et couper les carambolas en tranches de façon à former des étoiles. Égoutter les billes de melon et les dés de papaye. Éplucher les litchis. Remplacer le noyau par un grain de cassis.
- Répartir harmonieusement les fruits dans un petit moule à cake préalablement rincé à l'eau froide.
- Dans une casserole, faire chauffer le vin avec le sirop. Verser un verre de ce mélange dans un saladier, incorporer les feuilles de gélatine égouttées et les délayer en remuant sans arrêt. Verser le reste de vin au sirop, bien mélanger et laisser refroidir. Avant que la gelée prenne, la verser dans le moule, de façon à recouvrir les fruits. Réserver au réfrigérateur pendant 4 heures. S'il reste de la gelée, la laisser refroidir à part et la découper en petits cubes pour la décoration.
- Lorsque la préparation est prise, la démouler sur un plat et la couper en tranches. Laver la menthe.
- Répartir les tranches sur des assiettes de service, accompagner d'une boule de glace à la vanille et d'un petit bouquet de menthe fraîche.
- On peut réaliser cette terrine uniquement avec les fruits frais ou mélanger, selon la saison, fruits frais et fruits en conserve ou surgelés.

Recettes
régio

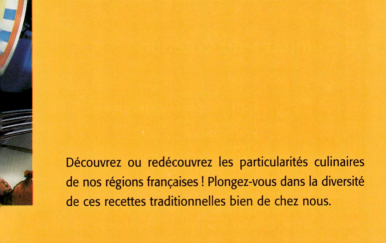

Découvrez ou redécouvrez les particularités culinaires de nos régions françaises ! Plongez-vous dans la diversité de ces recettes traditionnelles bien de chez nous.

nales

Recettes régionales — cocktail

Le verre du vigneron

Bourgogne
Coût : ●○○
Difficulté : ●○○
Préparation : 5 min

Par personne : 1/2 P

Pour 1 personne (1 verre)
- 1 petite grappe de groseilles
- 1 cc de crème de cassis de Dijon
- 1 CS de jus de citron
- 10 cl de jus de raisin rouge
- 2 CS de glace pilée

- Laver la grappe de groseilles. Bien mélanger tous les ingrédients dans un bol. Mettre la glace pilée dans un verre et y verser le mélange.
- Décorer de la petite grappe de groseilles et servir aussitôt.

Le « pinton » du Cotentin

Normandie
Coût : ●○○
Difficulté : ●○○
Préparation : 5 min

Par personne : 1 P

Pour 4 personnes (4 verres)
- 10 cl de jus d'orange
- 50 cl de cidre doux ou de jus de pomme
- 8 CS de glace pilée
- 1 cc de calvados
- 1 citron
- 4 demi-tranches de pomme

- Dans un pichet, mélanger le jus d'orange avec le cidre ou le jus de pomme. Dans chaque verre, mettre 2 cuillères à soupe de glace pilée, arroser avec le calvados.
- Presser le citron. Éplucher la pomme, la couper en tranches et les arroser du jus du citron.
- Répartir le contenu du pichet dans chaque verre. Décorer d'une tranche de pomme.
- Servir aussitôt.

Recettes régionales — cocktail

Cocktail « Cadre noir »

Anjou
Coût : ●●○
Difficulté : ●○○
Préparation : 5 min

Par personne : 2 1/2 P

Pour 6 personnes (6 flûtes)
- 1 orange
- 6 cc de Cointreau
- 6 cc de guignolet
- 75 cl de saumur, méthode champenoise, bien frais

- Laver l'orange et la couper en 6 tranches fines sans la peler. Répartir dans chaque flûte 1 cuillère à café de Cointreau et 1 cuillère à café de guignolet. Ajouter le saumur.
- Décorer chaque verre d'une tranche d'orange et servir aussitôt.

Cocktail du fort Vauban

Charentes
Coût : ●○○
Difficulté : ●○○
Préparation : 10 min
Macération : 5 min

Par personne : 1/2 P

Pour 6 personnes (6 verres)
- 6 oranges
- 6 citrons
- 6 cc d'édulcorant
- 1 cc de cognac
- 1 cc de pineau blanc des Charentes
- glace pilée
- 30 cl d'eau

- Presser les oranges et les citrons. Verser le jus dans un grand pichet avec l'édulcorant, le cognac et le pineau. Bien mélanger.
- Ajouter un peu de glace pilée et l'eau plate. Réserver au frais.
- Servir bien frais. On peut rajouter de la glace pilée au moment de servir.

Recettes régionales ───────────────────────────── *entrée*

Cervelle de canut

Lyonnais
Coût : ●○○
Difficulté : ●○○
Préparation : 20 min
Pas de cuisson

Pour 4 personnes
- 1/2 bouquet de persil plat
- 1 petite botte de ciboulette
- 2 brins de cerfeuil
- 3 cc d'huile d'olive
- 4 CS de crème fraîche allégée à 15 %
- 400 g de fromage blanc à 0 %
- sel, poivre
- 1 gousse d'ail
- 1 échalote
- 6 feuilles d'estragon
- 1 CS de vinaigre de vin

Par personne : 2 1/2 P

- Peler et hacher l'ail et l'échalote. Laver toutes les herbes. Ciseler finement la ciboulette et le cerfeuil jusqu'à obtenir l'équivalent d'une cuillère à soupe pour chaque, hacher le persil (l'équivalent de 2 cuillères à soupe) et l'estragon. Égoutter le fromage, le verser dans un saladier et le battre vigoureusement à la fourchette en incorporant successivement l'ail, l'échalote puis les herbes. Ajouter l'huile et le vinaigre. Saler et poivrer.
- Dans un bol, fouetter légèrement la crème fraîche. L'incorporer délicatement au fromage. Servir bien frais.

Cette préparation spécifiquement lyonnaise doit son nom et sa célébrité à la révolte, au milieu du XIXe siècle, des ouvriers de la soierie, les « canuts ».

« Matefaim » aux herbes du jardin

Savoie, Haute-Savoie
Coût : ●○○
Difficulté : ●○○
Préparation : 20 min
Cuisson : 20 min

Pour 6 personnes
- 500 g de jeunes épinards
- 1 petite botte de pissenlits bien tendres ou quelques feuilles de bettes
- 2 CS de farine (40 g)
- 3 œufs
- 10 cl de lait demi-écrémé
- 4 cc de margarine allégée à 60 %
- 1/2 botte de ciboulette
- sel, poivre

Par personne : 2 P

Recettes régionales

- Laver les légumes et les herbes. Porter à ébullition 2 litres d'eau salée dans une grande casserole et y faire pocher les épinards et les pissenlits pendant 10 minutes. Égoutter, en pressant bien pour retirer le maximum d'eau. Hacher grossièrement au couteau.
- Mettre la farine dans une jatte. Battre les œufs en omelette avec le lait, puis verser doucement sur la farine en mélangeant bien. Ajouter le hachis de légumes, saler et poivrer.
- Faire chauffer la moitié de la margarine dans une grande poêle, verser la préparation. Laisser cuire à feu modéré jusqu'à ce que le dessus soit ferme. Retourner la grosse crêpe ainsi obtenue sur une assiette.
- Faire chauffer le reste de la margarine dans la poêle et faire glisser la crêpe pour dorer l'autre côté. Servir bien chaud parsemé de ciboulette ciselée.

Tian d'aubergine comme à Apt

Midi méditerranéen
Coût : ●○○
Difficulté : ●○○
Préparation : 30 min
Cuisson : 1 h

Pour 4 personnes
- 1 gousse d'ail
- 1 branche de basilic
- 4 petites aubergines
- 1 kg de tomates longues du type roma ou olivettes
- 1 cc d'huile d'olive
- 2 cc de parmesan râpé
- 2 cc de chapelure
- sel, poivre

Par personne : 1/2 P

- Préchauffer le four à th. 5 (180 °C).
- Peler l'ail. Laver et ciseler le basilic. Rincer les aubergines, les couper en rondelles. Les mettre dans le panier d'un cuit-vapeur et les faire cuire pendant environ 10 minutes de façon qu'elles restent un peu fermes.
- Plonger les tomates pendant 1 minute dans l'eau bouillante, les peler, les couper en 4 et les épépiner.
- Frotter d'ail un petit plat à gratin, appelé « tian » en Provence, huiler légèrement au pinceau de cuisine. Dans le fond du plat disposer

entrée

une couche de tomates, saler, poivrer, puis une couche d'aubergines, saler, poivrer et parsemer de basilic. Alterner les couches de légumes en terminant par les tomates.
- Mélanger le parmesan et la chapelure, répartir sur le dessus du gratin.
- Faire cuire au four pendant 45 minutes.

Les asperges du prieuré

Touraine
Coût : ●○○
Difficulté : ●○○
Préparation : 20 min
Cuisson : 25 min

Par personne : 1 P

Pour 6 personnes
- 1,5 kg d'asperges
- 250 g de champignons de Paris
- 1/2 botte de ciboulette
- 1/2 botte d'oignons blancs
- 3 cœurs de laitue
- 1 cc de margarine
- 10 cl de crème fraîche allégée à 15 %
- sel, poivre

- Gratter les asperges, les laver rapidement. Les couper toutes à la même longueur, lier en petites bottes.
- Faire chauffer de l'eau salée dans une casserole haute. Y plonger les asperges, la partie tendre vers le haut, et laisser cuire pendant 5 minutes seulement. Égoutter aussitôt.
- Couper le bout terreux des champignons, les laver et les couper en lamelles. Laver et ciseler la ciboulette.
- Peler les oignons en conservant une partie de leur tige verte. Les plonger pendant 5 minutes dans de l'eau bouillante salée. Laver les cœurs de laitue.
- Faire chauffer la margarine dans une cocotte. Mettre les oignons et les champignons, laisser dorer en remuant. Ajouter les asperges et les cœurs de laitue. Saler et poivrer.
- Couvrir et laisser cuire pendant 15 minutes.
- Ajouter la crème fraîche et la ciboulette.
- Servir aussitôt.

Recettes régionales — entrée

Œufs en meurette

Bourgogne
Coût : ●○○
Difficulté : ●●○
Préparation : 10 min
Cuisson : 40 min

Pour 4 personnes
- 2 oignons
- 1 gousse d'ail
- 1 échalote
- 1/2 cube de bouillon de volaille dégraissé
- 2 cc de margarine allégée à 60 %
- 10 cl de vin rouge (bourgogne ou beaujolais)
- 1 bouquet garni (thym, laurier, queues de persil)
- 4 petites tranches de baguette de pain (25 g en tout)
- 1/2 verre de vinaigre de vin
- 4 œufs extra-frais
- sel, poivre

Par personne : 2 1/2 P

- Peler et émincer les oignons. Peler et hacher l'ail et l'échalote.
- Dissoudre le 1/2 cube de bouillon dans 30 cl d'eau chaude.
- Dans une casserole, faire chauffer la margarine. Y faire fondre quelques instants les oignons, l'ail et l'échalote. Verser le vin, couvrir et laisser réduire presque à sec. Ajouter le bouillon de volaille, le bouquet garni, laisser mijoter pendant 5 minutes, puis réduire de moitié. Saler très légèrement et poivrer.
- Retirer le bouquet garni, maintenir la sauce au chaud. Faire griller les tranches de baguette.
- Si la quantité de sauce au vin est insuffisante pour pocher les œufs, faire bouillir de l'eau avec 1/2 verre de vinaigre dans une casserole. Casser les œufs un par un dans une petite tasse, les faire glisser dans la casserole et les faire cuire pendant 3 minutes dans l'eau frémissante. Égoutter sur du papier absorbant et parer – c'est-à-dire supprimer au couteau – les filaments de blancs d'œufs dispersés à la cuisson.
- Faire réchauffer les œufs quelques instants dans la sauce au vin. Les servir dans des ramequins ou des petites assiettes accompagnés du pain grillé.

Recettes **régionales**

Coques du Mont-Saint-Michel

Normandie
Coût : ●○○
Difficulté : ●○○
Trempage : 2 h
Préparation : 25 min
Cuisson : 20 min

Pour 4 personnes
- 1,5 kg de coques
- 2 poignées de gros sel
- 1 échalote
- 1 bouquet garni (thym, laurier, queues de persil)
- 1 cc de poivre en grains
- 10 cl de cidre brut
- 10 cl de crème fraîche allégée à 15 %

Par personne : 2 1/2 P

- Faire tremper les coques pendant 2 heures dans une grande quantité d'eau salée pour leur faire rendre leur sable. Égoutter et rincer plusieurs fois. Peler et hacher l'échalote.
- Mettre les coques dans un grand faitout avec le bouquet garni, l'échalote, le poivre et le cidre. Couvrir et porter à feu vif en secouant régulièrement le faitout pour que les coques ouvertes remontent sur le dessus. Les retirer au fur et à mesure qu'elles s'ouvrent en les réservant au chaud (une cuisson trop longue rendrait leur chair trop ferme).
- Une fois toutes les coques ouvertes et retirées, enlever le bouquet garni du jus de cuisson, y verser la crème fraîche et mélanger. Faire réchauffer et verser sur les coques. Servir aussitôt.

Moules à la bière

Nord
Coût : ●○○
Difficulté : ●○○
Préparation : 20 min
Cuisson : 15 min

Pour 4 personnes
- 1 oignon
- 1 branche de céleri
- 1,5 kg de moules (ou 540 g décoquillées)
- 2 cc de margarine allégée à 60 %
- 20 cl de bière blonde
- 10 cl de crème fraîche allégée à 15 %
- 2 jaunes d'œufs
- poivre du moulin

Par personne : 4 P

entrée

- Peler et hacher l'oignon. Laver et émincer le céleri. Ébarber, gratter et rincer les moules.
- Chauffer la margarine dans un faitout. Y faire revenir l'oignon pendant 2 à 3 minutes sur feu doux. Ajouter les moules et le céleri. Mouiller avec la bière et poivrer. Faire cuire pendant 4 à 5 minutes à couvert sur feu vif en remuant à plusieurs reprises avec l'écumoire afin que toutes les coquilles s'ouvrent.
- Retirer les moules avec l'écumoire. Éliminer les valves vides. Disposer les moules dans leur coquille sur des assiettes et réserver au chaud.
- Filtrer le jus de cuisson des moules. Le faire bouillir et réduire pendant 5 minutes. Dans un bol, mélanger la crème fraîche et les jaunes d'œufs, puis incorporer le tout au jus bouillant, sans cesser de fouetter. Verser sur les moules et servir aussitôt.

Champignons farcis aux rillettes de la Sarthe

Anjou
Coût : ●○○
Difficulté : ●○○
Préparation : 20 min
Cuisson : 15 min

Par personne : 1 1/2 P

Pour 6 personnes
- 12 gros champignons de Paris rosés (de saveur plus accentuée que les blancs)
- 1 cc de margarine
- 30 g de rillettes
- 1 jaune d'œuf
- 1 CS de gruyère allégé râpé

- Préchauffer le four à th. 8-9 (250 °C).
- Couper le bout terreux des champignons, séparer les têtes des pieds, les laver rapidement et les faire sécher. Creuser légèrement les chapeaux à la cuillère.
- Graisser un plat à four avec la margarine. Y disposer 6 chapeaux de champignons, côté creux vers le haut. Déposer dans chacun d'eux une petite boule de rillettes. Recouvrir d'un second chapeau de champignon.
- Badigeonner au pinceau avec le jaune d'œuf. Parsemer de gruyère.

- Enfourner les champignons et les laisser cuire pendant 15 minutes. Ils doivent rester croquants.
- On peut accompagner d'une salade.

Le rustique ancêtre du champignon de Paris est le rosé des prés. Cultivé, il devient champignon de couche ou dit de Paris, son apparition, fruit du hasard, ayant eu lieu dans les carrières parisiennes. La région angevine fournit une grosse production de ces champignons, élevés dans les nombreuses carrières troglodytiques.

Flamiche ou « flamique » aux endives

Nord
Coût : ●○○
Difficulté : ●○○
Préparation : 20 min
Cuisson : 45 min
Repos : 20 min

Par personne : 3 1/2 P

Pour 6 personnes
- 5 endives moyennes
- 1/2 cc d'huile
- 200 g de pâte à pain (commandée chez le boulanger)
- 80 g de fromage de chèvre pas trop affiné
- 2 œufs
- 10 cl de crème fraîche allégée à 15 %
- sel, poivre

- Préchauffer le four à th. 5 (180 °C).
- Laver les endives. Les ouvrir en 2, couper la partie dure du talon. Les mettre dans le panier d'un cuit-vapeur ou dans un couscoussier et les faire cuire à la vapeur pendant 20 à 25 minutes.
- Huiler au pinceau une tourtière ou un moule à tarte d'environ 25 cm de diamètre. Étaler la pâte à pain à la main en la poussant du centre vers les bords. Laisser lever la pâte, couverte d'un torchon fariné, pendant 20 minutes dans un endroit tiède.
- Émietter le fromage de chèvre dans un bol. Casser les œufs dans un saladier, les battre à la fourchette, ajouter la crème fraîche, saler et poivrer.
- Disposer les endives en étoile sur la pâte levée, les parsemer de fromage émietté, arroser du mélange d'œufs et de crème fraîche, en appuyant un peu sur la pâte pour que le mélange trouve sa place. Enfourner, cuire pendant 20 minutes.
- Servir.

Recettes régionales

Cassolettes de grenouilles printanières

Bresse
Coût : ●○○
Difficulté : ●○○
Préparation : 1 h
Cuisson : 25 min

Pour 4 personnes
- 24 cuisses de grenouilles
- 1/4 de bouquet de persil
- 1/4 de botte de ciboulette
- quelques feuilles d'épinards
- 100 g de pois gourmands
- 100 g de petits pois écossés
- 1 échalote
- 1 cc de margarine
- 10 cl de vin blanc (cépage gamay)
- 1/2 citron
- 10 cl de crème fraîche allégée à 15 %
- sel, poivre

Par personne : 2 1/2 P

- Les cuisses de grenouilles sont vendues toutes préparées, par brochettes de 12. Les retirer des brochettes. Casser la partie cartilagineuse placée au-dessus des cuisses et supprimer le bout des pattes.
- Faire bouillir un peu d'eau dans une casserole. Laver le persil, la ciboulette et les épinards, puis les plonger 1 minute dans l'eau bouillante. Les égoutter et les passer sous l'eau froide. Presser à la main pour enlever le maximum d'eau. Passer le tout au mixeur. Réserver.
- Porter à ébullition une casserole d'eau salée. Laver les pois gourmands et les petits pois. Les faire cuire ensemble pendant 10 minutes dans l'eau bouillante, les égoutter et les passer sous l'eau fraîche. Couper les pois gourmands en morceaux.
- Peler et hacher l'échalote. Dans une sauteuse, faire fondre la margarine, mettre les grenouilles et l'échalote, saler et poivrer. Faire cuire à feu doux pendant quelques minutes, sans coloration. Presser le demi-citron. Ajouter le vin et le filet de citron, laisser cuire 10 à 12 minutes. Égoutter les grenouilles, les laisser un peu refroidir et les désosser. Remettre les chairs dans la sauteuse, ajouter la crème fraîche, la purée d'herbes et les pois.
- Réchauffer et servir dans des ramequins.

entrée

Pétoncles comme à La Rochelle

Charentes
Coût : ●○○
Difficulté : ●○○
Préparation : 45 min
Cuisson : 5 min

Par personne : 1 p

Pour 6 personnes
- 3 douzaines de pétoncles (ou 250 g surgelées)
- 1 petit bouquet de persil
- 1 biscotte
- 6 cc de beurre allégé demi-sel
- 1/2 cc de cari
- 1 pointe de couteau de poivre de Cayenne

- Ouvrir les coquillages au couteau sans détacher la chair de la coquille. Supprimer la coquille plate.
- Rincer abondamment chaque pétoncle sous le jet d'eau du robinet, sans enlever ni barbes ni poche noire : le pétoncle doit être conservé intégralement. Égoutter.
- Allumer le gril du four.
- Laver et hacher le persil jusqu'à obtenir l'équivalent de 3 cuillères à soupe. Émietter la biscotte. Dans un bol, ramollir à la fourchette le beurre allégé, incorporer le cari, le poivre de Cayenne, le persil et la biscotte. Ne pas saler.
- Déposer une petite noisette de beurre parfumé sur chaque coquillage. Placer les pétoncles sur la grille du four, au-dessus de la lèchefrite et enfourner le plus près possible du gril. Retirer dès coloration. Procéder en 2 fois si nécessaire.

Les pétoncles sont des coquillages fragiles essentiellement pêchés sur les côtes charentaises et bretonnes. À défaut, remplacer par des vanneaux qui sont un peu plus gros (4 cm de diamètre) et souvent improprement vendus sous le nom de pétoncles.

Recettes régionales

Estouffade de bœuf aux olives

Provence
Coût : ●●○
Difficulté : ●○○
Préparation : 20 min
Cuisson : 4 h

Pour 6 personnes
- 50 g de lardons demi-sel maigres
- 1,2 kg de bœuf maigre à braiser (paleron ou jumeau)
- 4 oignons
- 2 gousses d'ail
- 2 cc d'huile d'olive
- 75 cl de vin rouge corsé (type côtes-du-Rhône)
- 1 bouquet garni (thym, laurier, queues de persil)
- 2 fenouils
- 2 CS de concentré de tomates
- 60 g d'olives noires
- sel, poivre

Par personne : 8 P

- Préchauffer le four à th. 4 (160 °C). Porter à ébullition un peu d'eau dans une petite casserole. Y blanchir les lardons pendant 5 minutes, les rafraîchir et les égoutter. Couper la viande de bœuf en morceaux réguliers d'environ 4 cm de côté. Peler les oignons et les couper en quartiers. Peler et hacher l'ail.
- Chauffer l'huile dans une cocotte pouvant aller au four. Y faire revenir les lardons pendant 3 à 4 minutes sur feu doux. Les retirer et les remplacer par les morceaux de viande. Les faire dorer de tous les côtés pendant 6 à 7 minutes. Ajouter les oignons. Poursuivre la cuisson pendant 3 minutes en remuant. Arroser de vin rouge. Faire bouillir pendant 5 minutes. Ajouter le bouquet garni et l'ail haché. Saler et poivrer. Couvrir. Glisser la cocotte dans le four. Laisser mijoter pendant 3 heures.
- Pendant ce temps, éplucher les fenouils et les émincer. Les mettre dans le panier d'un cuit-vapeur (ou dans un couscoussier) et les faire cuire à la vapeur pendant 10 minutes.
- Lorsque l'estouffade est cuite, égoutter les morceaux de viande. Ôter le bouquet garni. Réserver le jus de cuisson, le dégraisser puis y délayer le concentré de tomates.
- Rincer et essuyer la cocotte. Remettre les morceaux de viande dedans. Ajouter les lardons, les fenouils et les olives. Verser le jus de cuisson. Poursuivre la cuisson pendant 35 minutes sur feu doux, cocotte mi-couverte. Servir dans la cocotte.

viande

Noisettes d'agneau de pré-salé

Normandie
Coût : ●●○
Difficulté : ●○○
Préparation : 30 min
Cuisson : 40 min
Repos : 30 min
Réfrigération :
10 min au congélateur

Pour 4 personnes
- 400 g de filet d'agneau prélevé dans les côtes-filets (conserver les os et les parures)
- 1 échalote
- 1 carotte
- 2 cc d'huile de tournesol
- 2 CS de calvados
- 50 cl d'eau
- 1 bouquet garni (thym, laurier, queues de persil)
- 600 g de légumes primeurs (mange-tout, carottes, chou-fleur)
- 1/2 CS de gros sel
- 10 cl de crème fraîche allégée à 15 %
- 1 biscotte
- 2 CS de persil haché
- 4 cc de margarine allégée à 60 %
- poivre du moulin
- sel

Par personne : 6 P

- Faire désosser les côtes et couper le filet d'agneau en 8 portions. Conserver les parures (c'est-à-dire les chutes de viande restant après le découpage des côtelettes). Demander au boucher de concasser les os. Peler et hacher l'échalote. Éplucher et laver la carotte, la couper en rondelles.
- Préparer le jus d'agneau : dans une sauteuse, faire chauffer l'huile et rissoler l'échalote et les rondelles de carotte. Ajouter les os et les parures, mélanger quelques minutes jusqu'à ce que l'ensemble commence à prendre couleur.
- Hors du feu, arroser de calvados et flamber. Ajouter l'eau et le bouquet garni, saler, poivrer. Remettre sur feu doux et laisser mijoter pendant 15 minutes.
- Égoutter à travers une passoire en pressant bien la préparation avec une cuillère de bois afin d'en récupérer tout le jus. Laisser refroidir dans une jatte pendant 30 minutes à température ambiante, puis mettre le liquide refroidi dans le congélateur pendant 10 minutes jusqu'à ce que la graisse remonte. Enlever la graisse, réserver le jus.

- Préparer les légumes : éplucher les carottes, détacher les bouquets de chou-fleur, couper les extrémités des mange-tout. Laver tous les légumes, les mettre dans le panier d'un cuit-vapeur et les faire cuire à la vapeur pendant 10 à 15 minutes, en mettant le gros sel dans l'eau de la partie basse.
- Allumer le gril du four.
- Dans une poêle antiadhésive bien chaude, saisir les noisettes d'agneau quelques minutes de chaque côté, saler, poivrer. Réchauffer le jus d'agneau dans une casserole, ajouter la crème fraîche, laisser réduire. Écraser la biscotte, laver et hacher le persil, puis les mélanger dans un bol avec la margarine allégée.
- Disposer les noisettes d'agneau dans un plat à rôtir, les tartiner du mélange biscotte-margarine-persil. Passer rapidement sous le gril pour dorer. Servir avec les légumes arrosés du jus d'agneau.

Lapin en saupiquet

Midi méditerranéen
Coût : ●○○
Difficulté : ●○○
Préparation : 30 min
(dont 15 min la veille)
Cuisson : 45 min
Marinade : 12 h

Pour 4 personnes
- 1 petit lapin de 1 kg coupé en morceaux
- 1 oignon
- 2 gousses d'ail
- 2 1/2 cc d'huile d'olive
- 2 brindilles de thym
- 2 feuilles de laurier
- 10 cl de vin blanc des côtes du Luberon ou tout autre vin blanc sec
- 4 anchois au sel de Collioure (25 g)
- 1 échalote
- 1 CS de câpres
- 4 olives noires
- sel, poivre

Par personne : 4 1/2 P

- La veille, mettre les morceaux de lapin dans un plat. Réserver le foie à part. Peler et émincer l'oignon. Peler et effiler 1 gousse d'ail. Huiler les morceaux de lapin au pinceau avec 1,5 cuillère à café d'huile, ajouter l'oignon, l'ail effilé, 1 brindille de thym, 1 feuille de laurier.

Recettes régionales

Arroser de la moitié du vin blanc. Couvrir d'un film étirable ou d'une feuille d'aluminium.

- Lever les filets d'anchois, les passer sous un filet d'eau froide pour enlever le sel superflu, ôter les arêtes et la peau autant que possible. Laisser tremper dans l'eau fraîche en la changeant de temps en temps, jusqu'au lendemain.
- Le lendemain, retirer les morceaux de lapin de la marinade, les égoutter et les tamponner avec du papier absorbant pour les sécher. Réserver la marinade. Égoutter et sécher les filets d'anchois.
- Faire chauffer le reste de l'huile d'olive dans une sauteuse et dorer les morceaux de lapin. Ajouter la marinade, 1 verre d'eau, du poivre et un peu de sel. Laisser cuire pendant 45 minutes.
- Pendant ce temps, préparer la sauce : peler et hacher l'échalote et l'ail restant. Dans un saladier, piler les filets d'anchois avec les câpres et le foie du lapin. Mettre dans une casserole l'échalote et l'ail, le thym, le laurier, le reste du vin blanc et 1/2 verre d'eau. Laisser cuire pendant 3 minutes.
- Lorsque le lapin est cuit, égoutter les morceaux et les réserver au chaud. Filtrer la sauce au chinois en pressant bien, ajouter le jus de cuisson également filtré, puis les olives noires dénoyautées.
- Servir le lapin bien chaud avec la sauce.
- On peut l'accompagner d'un tian aux aubergines.

Lapin de la ferme aux cardons

Lyonnais
Coût : ●○○
Difficulté : ●○○
Préparation : 1 h
Cuisson : 1 h 30

Par personne : 5 P

Pour 4 personnes

- 2 carottes
- 1 oignon
- 1 citron
- 1 petit lapereau de 1 kg
- 4 cc de margarine
- 1 petite tranche de jambon cru (40 g)
- 1 CS de persil haché
- 2 kg de cardons (il y a beaucoup de perte) ou de côtes de bettes
- 1/2 bouquet de cerfeuil
- 1 petite botte de ciboulette
- 10 cl de vin blanc sec
- sel, poivre

- Éplucher et laver les carottes, peler l'oignon. Hacher finement le tout. Presser le citron, verser le jus dans une casserole remplie d'eau. Laver le cerfeuil et le hacher, laver la ciboulette et la ciseler.
- Préparer les cardons : supprimer les branches dures qui entourent le pied des cardons. Éplucher chaque branche, pour enlever les fils qui la recouvrent. Couper en morceaux de 4 à 5 cm, les plonger immédiatement dans l'eau citronnée pour les empêcher de noircir. Les faire cuire dans de l'eau bouillante salée pendant 1 heure environ.
- Pendant ce temps préparer le lapin : prélever le foie, le cœur et les poumons. Les hacher avec le jambon, ajouter le cerfeuil et la ciboulette, saler et poivrer. Remplir l'intérieur du lapin de ce hachis, recoudre.
- Dans une cocotte, faire chauffer 2 cuillères à café de margarine, y faire dorer le lapin. Ajouter les carottes et l'oignon hachés. Quand le tout commence à prendre couleur, ajouter le vin blanc et 10 cl d'eau. Couvrir et laisser cuire sur feu doux pendant 1 heure.
- Égoutter les cardons, les faire sauter dans la margarine restante. Saler, poivrer et les ajouter en fin de cuisson du lapin.
- Découper le lapin, servir avec les cardons saupoudrés de persil haché.

Le cardon est issu d'un chardon sauvage, amélioré par la culture. Seules les branches centrales sont tendres, liées pendant leur croissance, elles prennent une couleur crémeuse. C'est une plante potagère proche de l'artichaut. Dans le Lyonnais, les cardons sont servis accompagnés de tranches de moelle posées crues sur les légumes et passées pendant quelques minutes à four chaud.

Andouillettes à la moutarde de Dijon

Bourgogne
Coût : ●○○
Difficulté : ●○○
Préparation : 5 min
Cuisson : 20 min

Par personne : 6 P

Pour 4 personnes
- 4 andouillettes moyennes
- 1 échalote
- 2 cc de margarine
- 1 cc de moutarde en grains
- 1cc de moutarde blanche
- 10 cl de chablis ou de bourgogne aligoté
- sel, poivre

Recettes **régionales**

- Allumer le gril du four.
- Inciser les andouillettes de quelques légers coups de couteau, pour éviter qu'elles n'éclatent. Les placer sur une grille posée au-dessus de la lèchefrite. Les laisser griller 5 minutes, les retourner et laisser encore 5 minutes.
- Éplucher et hacher l'échalote. Dans une sauteuse, faire chauffer la margarine. Y faire fondre l'échalote sans prendre couleur. Délayer les moutardes dans le vin, verser dans la sauteuse, laisser mijoter pendant 5 minutes avant d'y mettre les andouillettes. Couvrir jusqu'à cuisson complète des andouillettes (environ 10 minutes), au besoin ajouter un peu d'eau. Poivrer mais goûter avant de saler. Servir avec des pâtes (à comptabiliser).

Escalopes de veau normandes

Normandie
Coût : ●●○
Difficulté : ●○○
Préparation : 20 min
Cuisson : 25 min

Par personne : 5 P

Pour 4 personnes
- 1 citron
- 250 g de champignons de Paris
- 2 cc de margarine allégée à 60 %
- 1 cc d'huile
- 4 escalopes de veau (4 x 130 g)
- 10 cl de crème fraîche allégée à 15 %
- sel, poivre

- Presser le citron. Couper le bout terreux des champignons, les laver, les éponger puis les émincer. Les faire étuver à couvert dans une sauteuse avec 1 cuillère à café de margarine et le jus du citron pendant 6 minutes. Saler, poivrer. Retirer le couvercle et poursuivre la cuisson jusqu'à ce que toute l'eau soit évaporée et que les champignons commencent à dorer. Les réserver au chaud.
- Essuyer la sauteuse et y faire chauffer le reste de margarine et l'huile. Faire dorer les escalopes pendant 6 à 7 minutes sur chaque face. Saler, poivrer et réserver.
- Déglacer le fond de cuisson avec la crème fraîche. Faire chauffer à feu vif et laisser réduire pendant 2 à 3 minutes en remuant régulièrement. Ajouter les escalopes et les champignons puis prolonger la cuisson pendant 2 minutes. Servir.

viande

Casserole de poulet au riesling et aux girolles

Alsace
Coût : ●●○
Difficulté : ●○○
Préparation : 30 min
Cuisson : 30 min

Par personne : 6 P

Pour 4 personnes
- 1 échalote
- 2 cc d'huile de tournesol
- 4 blancs de poulet fermier de 130 g chacun (sans peau mais avec l'os du bréchet)
- 25 cl de vin blanc (riesling)
- 300 g de girolles ou de champignons de Paris
- 2 cc de margarine
- 160 g de tagliatelles
- 1 CS de persil haché
- sel, poivre

- Peler et hacher l'échalote. Mettre l'huile à chauffer dans une grande sauteuse. Faire revenir les morceaux de poulet jusqu'à ce qu'ils aient pris une légère couleur, les égoutter, jeter la graisse de cuisson, remettre les blancs de poulet, os contre le fond de la sauteuse, saler, poivrer, ajouter l'échalote et le riesling. Cuire à feu doux pendant 25 à 30 minutes.

- Pendant ce temps, essuyer délicatement les girolles avec un linge. Retirer le bout terreux et couper les champignons en 2. Faire fondre la margarine dans une sauteuse et verser les champignons. Saler légèrement, couvrir pour que les champignons rendent leur eau, puis découvrir jusqu'à évaporation complète du liquide. Les mélanger aux morceaux de poulet.

- Porter à ébullition une casserole d'eau salée, y jeter les tagliatelles, mélanger et laisser cuire selon les indications qui figurent sur le paquet. Égoutter.

- Au moment de servir, enlever les morceaux de poulet de la sauteuse, mélanger les pâtes avec la sauce aux champignons, saupoudrer de persil haché. Verser dans un plat chaud, disposer le poulet sur le dessus.

Recettes régionales — viande

Cailles à la fondue de poireaux

Franche-Comté
Coût : ●○○
Difficulté : ●○○
Préparation : 30 min
Cuisson : 40 min

Pour 4 personnes
- 5 blancs de poireaux
- 150 g de petits oignons
- 1 œuf
- 4 cailles de 160 g chacune
- 100 g de champignons des bois (ou de Paris)
- 50 g de pain
- 2 cc de margarine allégée à 60 %
- 1 CS d'eau-de-vie de prune
- 10 cl de crème fraîche allégée à 15 %
- 1 CS de persil haché
- sel, poivre

Par personne : 4 P

- Laver les poireaux et les couper en rondelles. Déposer les rondelles de poireaux dans le panier d'un cuit-vapeur et les faire cuire à la vapeur pendant 10 à 15 minutes. Les laisser égoutter.
- Laver et peler les petits oignons. Battre l'œuf dans un saladier. Enlever les foies des cailles, les hacher avec un couteau. Couper le bout terreux des champignons, les laver, les éponger et les hacher. Émietter le pain. Mélanger le tout avec l'œuf battu, saler et poivrer. Remplir les cailles de cette farce, recoudre les ouvertures.
- Faire chauffer la margarine dans une cocotte. Y faire dorer à feu vif les petits oignons et les cailles. Vider la cocotte, l'essuyer avec un papier absorbant pour éliminer la matière grasse. Faire chauffer l'eau-de-vie dans une petite casserole. Remettre les cailles et les petits oignons dans la cocotte, arroser d'eau-de-vie chaude et flamber. Ajouter 1/2 verre d'eau, couvrir, laisser cuire pendant 15 minutes à feu doux, en surveillant la quantité de liquide afin d'obtenir un jus court.
- Ajouter la crème fraîche, saler, poivrer et mélanger. Laisser réduire pendant quelques minutes.
- Ouvrir les cailles en 2, accompagner des poireaux réchauffés parsemés de persil.

Recettes **régionales**

Géline au blanc comme à Tours

Touraine
Coût : ●●●
Difficulté : ●●○
Préparation : 40 min
Cuisson : 1 h 10

Par personne : 5 P

Pour 6 personnes
- 1 géline (ou 1 poularde) de 1,5 kg environ
- 1 citron
- 2 l de bouillon de volaille dégraissé
- 1 brin de thym
- 1 feuille de laurier
- 250 g de navets
- 250 g de jeunes carottes
- 250 g de haricots verts
- sel

Pour la farce :
- 1 échalote
- quelques feuilles de bettes
- 1 tranche épaisse de jambon blanc dégraissé (150 g)
- 2 foies de volaille
- le foie et le gésier de la poularde
- 1 CS de persil haché
- sel, poivre

Pour la sauce :
- 2 cc de margarine
- 1 cc de farine
- 1 jaune d'œuf
- 10 cl de crème fraîche allégée à 15 %
- sel, poivre

- Préparer la farce : peler et hacher l'échalote. Faire pocher les feuilles de bettes dans de l'eau bouillante salée pendant 5 minutes, bien essorer, hacher grossièrement avec un couteau. Hacher le jambon, les foies et gésier débarrassé de sa membrane. Mélanger le tout avec le persil et l'échalote, saler, poivrer.

- Remplir la géline de cette farce, recoudre l'ouverture. Citronner la volaille pour qu'elle reste blanche. Mettre le bouillon à chauffer dans une grande casserole. Faire pocher la géline pendant 1 heure dans le bouillon avec le thym et le laurier. Contrôler la cuisson en piquant un couteau dans la partie la plus épaisse de la cuisse : le jus qui en sort doit être clair.

- Éplucher les navets et les carottes, effiler les haricots verts. Laver les légumes. Débiter les carottes et les navets en petits bâtonnets. Mettre de l'eau dans une grande casserole, saler, porter à ébullition. Faire cuire les haricots verts pendant 15 minutes dans l'eau. Dans une autre casserole, faire cuire les carottes et les navets dans de l'eau bouillante salée pendant 12 minutes. Égoutter et tenir les légumes au chaud.

- Préparer la sauce : dans une grande casserole, laisser fondre la mar-

garine à feu doux, ajouter la farine, mélanger jusqu'à ce que le mélange mousse. Ajouter peu à peu 30 cl du bouillon de cuisson en tournant jusqu'à épaississement. Dans un bol, délayer le jaune d'œuf et la crème avec un peu de sauce chaude. Verser dans la casserole, mélanger. Faire chauffer sans laisser bouillir. Saler et poivrer si nécessaire. Verser la sauce dans une saucière.
- Découper la géline, servir avec les légumes et la sauce.

Poulette de Bresse à la vapeur

Bresse
Coût : ●●○
Difficulté : ●○○
Préparation : 30 min
Cuisson : 1 h 30

Par personne : 5 P

Pour 4 personnes
- 2 carottes
- 1 oignon
- 1 branche de céleri
- 1,5 l de consommé de volaille tout prêt ou 3 cubes de bouillon de volaille dilués dans 1,5 l d'eau
- 1 bouquet garni (thym, laurier, queues de persil)
- 3 brins d'estragon
- 1 poulette de 1,3 kg environ
- 1 jaune d'œuf
- 10 cl de crème fraîche épaisse à 15 %
- 1 cc de jus de citron
- 120 g de riz
- sel, poivre

- Éplucher et laver les carottes, peler l'oignon, les découper en rondelles. Laver le céleri. Dans le fond d'un couscoussier ou d'un cuit-vapeur mettre le consommé, les carottes, l'oignon et le céleri ainsi que le bouquet garni.
- Laver l'estragon. Effeuiller 2 brins d'estragon, glisser les feuilles dans la volaille. Poser celle-ci dans la partie haute du cuit-vapeur. Fermer hermétiquement. Laisser cuire pendant 1 heure 30. Vérifier la cuisson en piquant avec un couteau la partie la plus épaisse de la cuisse : le jus qui en sort doit être clair.
- Découper la volaille et la tenir au chaud, filtrer le bouillon et le faire réduire jusqu'à obtenir 25 cl de liquide. Dans un bol, délayer le jaune d'œuf et la crème fraîche avec le bouillon chaud, sans cesser

Recettes régionales — viande

de remuer. Ajouter le jus de citron. Hacher le reste des feuilles d'estragon et les incorporer à la sauce. Poivrer, mais ne pas saler.
- Faire cuire le riz dans une grande casserole d'eau bouillante salée. Servir la volaille entourée de riz avec la sauce à part.

Poulet basquaise

Pays Basque
Coût : ●●○
Difficulté : ●○○
Préparation : 30 min
Cuisson : 1 h
Repos (poivrons) : 15 min

Pour 6 personnes
- 4 grosses tomates
- 2 oignons
- 2 gousses d'ail
- 4 brins de persil
- 3 tranches de jambon de Bayonne (100 g)
- 1 poulet fermier de 1,2 kg coupé en morceaux
- 2 poivrons rouges
- 1 poivron vert
- 4 cc d'huile d'olive
- 1 cc de paprika
- 1 bouquet garni (thym, laurier, queues de persil)
- sel, poivre

Par personne : 5 P

- Allumer le gril du four.
- Laver les tomates et les inciser en croix. Les plonger quelques minutes dans de l'eau bouillante, les peler, les épépiner et les couper en dés. Peler et hacher les oignons. Peler et écraser l'ail. Laver et ciseler le persil. Couper les tranches de jambon en 2. Ôter la peau des morceaux de poulet.
- Laver les poivrons. Les faire griller sous le gril du four pendant environ 15 minutes, en les retournant à mi-cuisson, jusqu'à ce que la peau soit cloquée et noircie par endroits. Les laisser tiédir pendant 15 minutes dans un sac en plastique, puis les peler, les épépiner et les couper en lanières.
- Dans une sauteuse, faire chauffer 2 cuillères à café d'huile d'olive. Y faire revenir les tranches de jambon pendant 30 secondes sur chaque face. Les retirer et les remplacer par les morceaux de poulet. Les faire dorer pendant environ 10 minutes sur toutes les faces.

Recettes
régionales

Saler, poivrer et saupoudrer de paprika. Ôter le poulet et le réserver.
- Chauffer le reste d'huile d'olive dans la sauteuse. Y faire fondre les oignons pendant 2 à 3 minutes à feu doux. Ajouter les tomates, les poivrons, l'ail et le bouquet garni. Remettre les morceaux de poulet dans la sauteuse. Laisser cuire pendant 35 minutes à couvert sur feu très doux en retournant régulièrement les morceaux.
- Au moment de servir, retirer le bouquet garni et ajouter les tranches de jambon. Réchauffer. Dresser ensuite le plat de service en disposant 1/2 tranche de jambon sur chaque morceau de poulet. Parsemer de persil ciselé et servir.

Le bouilli « el bouli » ou hochepot

Nord
Coût : ●●○
Difficulté : ●○○
Préparation : 30 min
Cuisson : 2 h 45

Pour 6 personnes
- 3 gousses d'ail
- 1 oignon
- 750 g de plat de côtes de bœuf
- 1 queue de bœuf coupée et ficelée (800 g)
- 1 queue de porc fraîche (150 g) (à commander chez le charcutier)
- 2 clous de girofle
- 1 cc de poivre en grains
- 1 cc de grains de genièvre
- 1 CS de gros sel
- 600 g de pommes de terre (facultatif)
- 300 g de carottes
- 2 navets
- 4 poireaux
- 1/2 céleri-rave
- 1 chou vert
- 300 g de haricots verts

Par personne : 6 P
+ 1 P facultatif
(pommes de terre)

- Peler l'ail et l'oignon. Dans une grande marmite mettre tous les morceaux de viande. Couvrir largement d'eau, ajouter l'ail, l'oignon piqué des clous de girofle, les grains de poivre et de genièvre. Saler avec le gros sel. Porter doucement à ébullition, en écumant de temps en temps.

viande

- Pendant ce temps, éplucher les pommes de terre (facultatif), les carottes, les navets et les poireaux. Brosser le céleri, ôter les premières feuilles du chou, effiler les haricots verts. Laver tous les légumes. Lier les poireaux en botte. Couper le chou en 4.
- À mi-cuisson des viandes (1 h 15 environ), mettre les carottes, les navets, le céleri et les poireaux dans la marmite. 30 minutes plus tard, ajouter le chou, puis, 30 minutes avant la fin de cuisson, les pommes de terre (facultatif). Ajouter en dernier les haricots verts afin de les laisser cuire pendant seulement 15 à 20 minutes.
- Pour servir, égoutter les viandes et les légumes. Supprimer tous les fils de cuisine, découper le plat de côtes en tranches. Filtrer le bouillon dans une soupière. Il accompagnera ce plat complet avec des tranches de pain grillé (à comptabiliser).

Dans le Nord, on aime tartiner le pain de maroilles avant de le faire griller (à comptabiliser).

Recettes régionales — **poisson**

Chipirons in su tinta (calmars sauce à l'encre)

Pays Basque
Coût : ●○○
Difficulté : ●○○
Préparation : 20 min
Cuisson : de 50 à 60 min
(les calmars étant plus ou moins fermes)

Pour 4 personnes
- 6 chipirons (calmars) de taille moyenne (200 g chacun environ)
- 1 gousse d'ail
- 1 échalote
- 3 tomates
- 1 CS d'huile d'olive
- 1 bouquet garni (thym, laurier, queues de persil)
- 10 cl de vin blanc sec
- 1 pincée de piment en poudre
- sel, poivre

Par personne : 2 1/2 P

- Faire préparer les chipirons par le poissonnier (les dépouiller est assez long et fastidieux), réserver les poches d'encre pour la sauce.

Recettes régionales

Couper les tentacules en petits morceaux et le corps en tranches fines.
- Peler l'ail et l'échalote, les hacher. Plonger les tomates 1 minute dans de l'eau bouillante, les peler, les couper en 4 et les épépiner.
- Dans une sauteuse, faire chauffer l'huile, saisir rapidement les chipirons sans les poches d'encre, égoutter, réserver. Verser le hachis d'ail et d'échalote, les quartiers de tomates et le bouquet garni. Laisser cuire à feu modéré jusqu'à légère coloration.
- Remettre les chipirons sur les légumes, arroser avec le vin blanc et 1 verre d'eau, saler, poivrer. Couvrir et laisser mijoter pendant 30 à 40 minutes, en contrôlant la quantité de liquide et la cuisson des chipirons.
- Égoutter les chipirons, vider les poches d'encre dans la sauteuse, laisser cuire pendant 5 minutes, ajouter la poudre de piment. Remettre les chipirons dans la sauce, réchauffer, enlever le bouquet garni. Servir.

Truite du lac à l'ancienne en cocotte

Haute-Savoie
Coût : ●●○
Difficulté : ●○○
Préparation : 25 min
Cuisson : 1 h 05

Pour 6 personnes
- 1 truite de lac de 1,8 kg (à défaut 1 truite de mer)
- 2 carottes
- 1 échalote
- 200 g de champignons des bois frais ou en conserve au naturel
- 2 CS de persil haché
- 10 cl de vin blanc de Savoie (apremont, crépy ou tout autre vin blanc sec)
- 1 citron
- sel, poivre

Pour le fumet :
- 1 oignon
- 2 clous de girofle
- parures du poisson
- 50 cl d'eau
- 1 CS de vinaigre
- 1 bouquet garni (thym, laurier, queues de persil)
- 1 cc de poivre en grains
- 1 cc de gros sel

Par personne : 3 1/2 P

- Faire lever les filets de poisson par le poissonnier, conserver les parures (c'est-à-dire la peau et les arêtes).

- Préchauffer le four à th. 7-8 (230 °C).
- Préparer le fumet : peler l'oignon, le piquer des clous de girofle. Laver les arêtes et les parures de poisson, les mettre dans un faitout avec tous les ingrédients du fumet, porter doucement à ébullition et laisser mijoter pendant 30 minutes. Filtrer au chinois en pressant bien à la cuillère de bois pour extraire tout le jus. Si nécessaire, faire réduire pour obtenir 25 cl de fumet.
- Éplucher les carottes, les laver et les couper en rondelles. Peler et hacher l'échalote. Couper le bout terreux des champignons et les laver rapidement, ou les égoutter. Tapisser le fond d'une cocotte avec les carottes, les champignons, l'échalote et le persil. Déposer les filets de poisson par-dessus, saler et poivrer, arroser de fumet et de vin blanc. Glisser la cocotte couverte dans le four, laisser cuire pendant 30 minutes en arrosant régulièrement les filets avec le jus de cuisson.
- En fin de cuisson, égoutter les filets, avec précaution, sur un plat de service chauffé. Presser le citron. Vider le contenu de la cocotte dans un bol, mixer, ajouter le jus de citron, rectifier l'assaisonnement si nécessaire.
- On peut accompagner de « tartifles » (pommes de terre) à la vapeur (à comptabiliser).

Papillote de sandre de Loire à l'oseille

Anjou
Coût : ●●○
Difficulté : ●●○
Préparation : 40 min
Cuisson : 35 min

Pour 6 personnes (photo page 215)
- 1 sandre de 1,5 kg
- 2 carottes
- 2 blancs de poireaux
- 10 feuilles d'oseille
- 10 feuilles d'épinards
- 250 g de champignons de Paris
- 1 cc de margarine
- 10 cl de blanc sec d'Anjou
- 10 cl de crème fraîche liquide allégée à 15 %
- 1/2 botte de ciboulette
- 1 feuille de laurier
- sel, poivre

Par personne : 3 1/2 P

Recettes régionales — poisson

- Faire lever les 4 filets de sandre par le poissonnier.
- Préchauffer le four à th. 5 (180 °C).
- Éplucher et laver les carottes et les poireaux. Laver l'oseille et les épinards. Couper le bout terreux des champignons, les passer rapidement sous l'eau froide. Couper en fine julienne poireaux, carottes et champignons. Les faire suer dans la margarine chaude pendant 5 minutes dans une sauteuse, saler légèrement.
- Sur une planche, étaler une grande feuille de papier sulfurisé. Déposer la moitié des feuilles d'oseille et d'épinards en 2 couches superposées. Disposer 2 filets de poisson, saler, poivrer. Étaler la moitié de la julienne de légumes sur les filets, mettre les 2 derniers filets et le reste des légumes. Saler et poivrer. Terminer par le reste des feuilles d'oseille et d'épinards. Arroser de vin blanc et disposer la crème fraîche en petites touches. Répartir la ciboulette et ajouter la feuille de laurier.
- Fermer la papillote hermétiquement, la glisser sur la lèchefrite, laisser cuire pendant 30 minutes.
- Accompagner de pommes de terre vapeur (à comptabiliser).

Congre farci à la piriacaise

Bretagne
Coût : ●○○
Difficulté : ●○○
Préparation : 30 min
Cuisson : 45 min

Par personne : 5 1/2 P

Pour 4 personnes *(photo page 217)*

- 1 morceau de congre de 800 g pris dans le ventre du poisson (le seul endroit à être dépourvu d'arêtes) ; à défaut de congre, choisir une truite de mer
- 1 petite tranche de pain de campagne rassis (20 g)
- 2 CS de lait demi-écrémé
- 1 gros bouquet de persil
- 2 œufs durs
- 1 échalote hachée
- 20 cl de vin blanc (gros plant nantais)
- 1,5 kg d'épinards
- 1 CS de beurre salé allégé
- 10 cl de crème fraîche allégée à 15 %
- sel, poivre du moulin

Recettes régionales — poisson

- Faire enlever l'arête centrale du congre par le poissonnier.
- Préchauffer le four à th. 6-7 (210 °C).
- Faire tremper le pain dans le lait, l'essorer, l'émietter. Laver et hacher le persil, hacher les œufs durs. Mélanger le tout dans un bol avec l'échalote hachée. Saler, poivrer.
- Étaler le morceau de congre dans un plat allant au four, saler et poivrer. Répartir dessus le mélange pain-persil-œufs et ficeler en rôti. Arroser avec le vin blanc et glisser au four. Cuire pendant 30 minutes en arrosant fréquemment avec le jus de cuisson.
- Pendant ce temps, ôter les tiges des épinards, les laver soigneusement. Les faire cuire pendant 10 minutes dans une grande quantité d'eau bouillante salée, sans couvrir. Rafraîchir à l'eau froide, égoutter en pressant bien pour enlever toute l'eau, hacher grossièrement au couteau.
- Réchauffer les épinards à la fin de la cuisson du poisson et y ajouter le beurre allégé.
- Retirer le poisson de son plat. Ajouter la crème fraîche dans le jus de cuisson. Enlever les ficelles du poisson et le couper en tranches.
- Servir accompagné des épinards bien chauds et de la sauce.

Chaudrée de l'île de Ré

Charentes
Coût : ●○○
Difficulté : ●○○
Préparation : 20 min
Cuisson : 1 h

Pour 6 personnes

- 6 gousses d'ail
- 2 échalotes
- 250 g de blancs de seiche
- 2 CS de margarine allégée à 60 %
- 15 cl de vin blanc sec (gros plant ou muscadet)
- 15 cl d'eau
- 1 cc de fleur de sel
- 1 cc de poivre en grains
- 1 bouquet garni (thym, laurier, queues de persil)
- 300 g d'anguille tronçonnée
- 250 g de raiteaux (petits ailerons de raie, vendus dépouillés)
- 3 petits rougets grondins (environ 250 g)
- 6 céteaux (environ 600 g) toutes petites soles charentaises, ou 2 soles de taille moyenne

Par personne : 5 1/2 P

Recettes régionales — poisson

- Peler les gousses d'ail et les échalotes, les hacher finement. Couper les blancs de seiche en morceaux.
- Faire chauffer la moitié de la margarine dans une sauteuse, ajouter les blancs de seiche. Couvrir et laisser suer pendant 20 minutes à feu très doux (les seiches doivent rendre leur eau sans dorer). Surveiller et laisser cuire à découvert jusqu'à évaporation du liquide.
- Ajouter le reste de la margarine, le hachis d'ail et d'échalotes, laisser prendre une légère couleur sans cesser de remuer. Verser le vin blanc et 15 cl d'eau, ajouter la fleur de sel, le poivre et le bouquet garni. Laisser cuire pendant 20 minutes. Ajouter l'anguille puis, 10 minutes après, les autres poissons. Laisser cuire encore pendant 10 minutes.
- Égoutter le tout dans un plat chaud, servir le bouillon à part avec des croûtons de pain grillé (à comptabiliser).

On peut remplacer les croûtons grillés par 6 petites pommes de terre de l'île de Ré ou de Noirmoutier cuites au four entre 2 couches de gros sel.

Recettes régionales — dessert

Gâteau de Savoie, comme au chalet

Savoie
Coût : ●○○
Difficulté : ●○○
Préparation : 20 min
Cuisson : 50 min

Par personne : 2 P

Pour 6 personnes
- 3 œufs
- 4 CS d'édulcorant de cuisson en poudre
- 1 cc de levure chimique en poudre
- 50 g de farine
- 50 g de fécule
- 1 cc de margarine
- 1 pointe de couteau de sel

- Préchauffer le four à th. 3-4 (150 °C).
- Casser les œufs en séparant les blancs des jaunes. Travailler ceux-ci avec l'édulcorant jusqu'à ce que le mélange devienne mousseux et clair.

Recettes régionales _____ **dessert**

- Ajouter la levure dans la farine et la fécule tamisées, mélanger. Verser le tout en pluie dans les jaunes battus en continuant à mélanger. Si besoin, ajouter 1 cuillère à soupe d'eau. La pâte obtenue doit être souple et onctueuse.
- Monter les blancs en neige ferme avec le sel. Les incorporer doucement à la pâte en soulevant à la spatule.
- Graisser un moule côtelé avec la margarine. Verser la préparation et mettre au four 50 minutes.
- Vérifier la cuisson avec la lame d'un couteau. Elle doit ressortir sèche.
- Laisser un peu refroidir avant de démouler.

Les bugnes lyonnaises ou beignets de Carême

Lyonnais
Coût : ●○○
Difficulté : ●●○
Préparation : 35 min (la veille)
Cuisson : quelques minutes pour chaque fournée

Pour 6 personnes
- 1 citron non traité
- 240 g de farine
- 1 cc rase de levure chimique en poudre
- 2 œufs
- 50 g de beurre allégé
- 1 CS d'eau de fleur d'oranger
- huile pour friture
- édulcorant en poudre (quantité selon le goût)
- 1 pincée de sel

Par personne : 5 1/2 P

- La veille, laver le citron, râper le zeste. Dans un saladier, mettre la farine tamisée et la levure, mélanger, ajouter le sel. Incorporer les œufs un par un, puis le beurre ramolli, le zeste et l'eau de fleur d'oranger. Travailler d'abord la pâte du bout des doigts pour qu'elle soit homogène. Pétrir ensuite vigoureusement jusqu'à ce qu'elle ne colle plus aux doigts. Rouler en boule et mettre au frais jusqu'au lendemain.
- Faire les bugnes au dernier moment. Couper la boule de pâte en 2, l'étaler aussi finement que possible sur une planche farinée. Avec une roulette à pâtisserie dentelée, ou un couteau, découper la pâte en rectangles de 5 cm sur 8 cm environ, en losanges ou en bandes nouées.

Recettes régionales

- Faire chauffer l'huile à 150 °C environ (elle ne doit pas être brûlante). Plonger les beignets un à un par petites quantités, les retourner, les égoutter dès qu'ils sont dorés et les poser sur du papier absorbant. Saupoudrer d'édulcorant. Servir chaud ou tiède.

Tarte aux pralines

Bresse
Coût : ●○○
Difficulté : ●○○
Préparation : 15 min
Cuisson : 20 min
Par personne : 6 1/2 P

Pour 4 personnes
- 160 g de pâte brisée
- 15 pralines
- 2 CS de crème fraîche allégée à 15 %
- 2 oranges (facultatif)

- Préchauffer le four à th. 6-7 (210 °C).
- Préférer une tôle ronde, plate plutôt qu'un moule à tarte. Étaler la pâte brisée aussi finement que possible. La faire cuire à blanc, sur une feuille de papier sulfurisé, après l'avoir piquée à la fourchette. On peut aussi couvrir la pâte d'un papier sulfurisé recouvert de noyaux ou de haricots secs. Laisser cuire jusqu'à ce que la pâte soit prise et commence à se colorer légèrement.
- Pendant la cuisson de la pâte, écraser finement les pralines, les faire fondre avec la crème fraîche sur feu très doux dans une petite casserole. Laisser réduire un peu.
- Étaler le mélange sur la pâte encore chaude, remettre au four jusqu'à ce que les bords de la pâte soient bien dorés.
- Accompagner éventuellement de tranches d'oranges (facultatif).

Bourdelots du bocage

Normandie
Coût : ●○○
Difficulté : ●○○
Préparation : 30 min
Cuisson : 40 min
Par personne : 5 1/2 P

Pour 4 personnes
- 1 citron
- 4 pommes à chair fondante (Reinette ou Boskoop)
- 200 g de pâte feuilletée toute prête
- 1 œuf pour dorer

dessert

- Préchauffer le four à th. 5 (180 °C).
- Presser le citron. Laver les pommes. Sans les éplucher, enlever le cœur et les pépins à l'aide d'un vide-pomme, citronner l'intérieur.
- Étaler finement la pâte feuilletée sur une feuille de papier sulfurisé. Découper 4 carrés, suffisamment grands pour envelopper les fruits. Poser 1 pomme sur chacun. Mouiller les bords de la pâte à l'aide d'un pinceau trempé dans l'eau, ramener la pâte sur la pomme, sur les côtés et au sommet, puis pincer les bords de la pâte ensemble de façon à les souder, en laissant de petites aérations en bas. Dans un bol battre l'œuf avec 1 cuillère à café d'eau. Dorer au pinceau. S'il reste de la pâte, découper des petits disques à coller sur le dessus : ils formeront comme un petit chapeau.
- Placer les bourdelots sur la tôle du four recouverte d'un papier sulfurisé et faire cuire pendant 40 minutes jusqu'à ce que la pâte soit bien dorée. Si les pommes sont très fondantes, il est préférable de placer les bourdelots dans un plat allant au four. Servir tiède.

Poires à la dijonnaise

Bourgogne
Coût ●●○
Difficulté ●○○
Préparation 15 min
Cuisson 20 min
Réfrégration 2 h

Par personne : 1 P

Pour 4 personnes
- 400 g de cassis égrappés
- 1 citron
- 4 poires
- 1 gousse de vanille
- 2 CS de fructose
- 4 cc d'édulcorant
- 2 CS de crème de cassis

- Laver rapidement et éponger les grains de cassis. En réduire au mixeur la moitié en purée fine. Filtrer et réserver le coulis obtenu.
- Presser le citron. Éplucher les poires, les couper en 2 dans le sens de la longueur, éliminer le cœur et les pépins. Les arroser du jus du citron pour éviter qu'elles noircissent.
- Fendre la gousse de vanille en 2. Dans une casserole, porter 50 cl d'eau à ébullition avec la vanille, le fructose et le coulis de cassis. Y faire pocher les poires pendant 15 minutes à petits frémissements.

Ajouter le reste du cassis. Prolonger la cuisson pendant 5 minutes. Retirer les poires et les disposer dans 4 coupelles individuelles.
- Hors du feu, ajouter l'édulcorant et la crème de cassis au jus de cuisson. Après refroidissement, verser sur les poires et mettre au réfrigérateur au moins pendant 2 heures. Servir très frais.

Tarte niçoise au citron

Midi méditerranéen
Coût : ●○○
Difficulté : ●○○
Préparation : 20 min
Cuisson : 30 min

Par personne : 5 1/2 P

Pour 4 personnes
- 2 œufs
- 20 g de beurre allégé
- 2 CS d'édulcorant de cuisson
- 1 citron non traité
- 160 g de pâte brisée

- Préchauffer le four à th. 6-7 (210 °C).
- Séparer les blancs des jaunes d'œufs. Dans un saladier, travailler le beurre avec les jaunes et l'édulcorant jusqu'à ce que le mélange soit homogène. Laver le citron, râper le zeste puis exprimer le jus, les ajouter à la préparation.
- Battre les blancs en neige ferme et les incorporer délicatement à la crème au citron.
- Étaler la pâte brisée, en rond, aussi finement que possible sur une tôle à pâtisserie. Répartir la crème au citron sur la pâte, enfourner et laisser cuire pendant 30 minutes.

Gâteau mollet des Ardennes

Nord
Coût : ●○○
Difficulté : ●○○
Préparation : 30 min
Repos : 2 h 30 (pâte)
Cuisson : 35 min

Par personne : 4 1/2 P

Pour 6 personnes
- 20 g de levure de boulanger
- 240 g de farine
- 1 pointe de couteau de sel fin
- 1 cc de sucre en poudre
- 4 œufs
- 45 g de margarine allégée à 60 % ramollie
- 1 cc de margarine pour le moule

Recettes régionales

- Préparer un levain : dans un bol, délayer la levure dans un peu d'eau tiède, ajouter suffisamment de farine (environ 1/2 verre) pour faire une pâte mollette. Couvrir d'un linge et laisser lever dans un endroit tiède pendant 15 à 30 minutes (selon la température de la pièce). Le levain doit gonfler et devenir légèrement mousseux.
- Dans une jatte, mettre le reste de la farine, le sel et le sucre. Mélanger, ajouter les œufs et le levain, mélanger puis battre vigoureusement la pâte pendant 15 minutes, la main bien à plat pour soulever et entraîner la pâte (on peut utiliser un robot de cuisine, équipé pour les pâtes lourdes). Ajouter la margarine ramollie et pétrir encore pendant quelques minutes. Mettre la pâte dans la jatte, la couvrir d'un linge fariné, et la laisser lever pendant 1 heure dans un endroit tiède.
- Préchauffer le four à th. 6 (200 °C).
- Quand la pâte est levée, la faire retomber du plat de la main, la battre 2 ou 3 fois. Graisser un moule à cake d'environ 30 cm de long avec la margarine, verser la pâte qui doit le remplir aux deux tiers. Couvrir d'un linge fariné, laisser lever pendant 1 heure (la pâte doit alors atteindre le bord du moule).
- Quand la pâte est suffisamment levée, enfourner le moule pour 10 minutes, puis baisser la température du four à th. 5 (180 °C) et cuire encore 20 minutes. Laisser un peu refroidir avant de démouler.
- Servir tiède avec une compote de rhubarbe sucrée avec un édulcorant (à comptabiliser).

Pets-de-nonne de Baume-les-Dames

Franche Comté
Coût ●○○
Difficulté ●●○
Préparation 15 min
Cuisson 25 min

Par personne : 6 1/2 P

Pour 6 personnes

- 25 cl d'eau
- 1 cc d'eau de fleur d'oranger
- 1/4 de cc de sel
- 1 CS de fructose
- 80 g de beurre allégé
- 160 g de farine tamisée
- 4 œufs
- huile pour friture
- édulcorant en poudre (quantité selon le goût)

- Dans une casserole assez grande (car elle doit contenir toute la préparation), mettre l'eau, l'eau de fleur d'oranger, le sel, le fructose, le beurre coupé en petits morceaux. Porter doucement à ébullition : le beurre doit être fondu quand le mélange commence à bouillir.
- Retirer du feu, verser la farine d'un seul coup. Travailler énergiquement la pâte pour éviter les grumeaux.
- Remettre sur le feu et continuer à travailler à la cuillère en bois, jusqu'à ce que la pâte forme une boule qui se détache des parois de la casserole.
- Retirer du feu, ajouter les œufs un par un en travaillant bien la pâte entre chaque œuf. Attention au moment d'ajouter le dernier œuf : les farines absorbent plus ou moins de liquide et le dernier œuf peut être très important. Le battre à la fourchette et commencer par en ajouter la moitié, puis le reste peu à peu si nécessaire. La pâte est à bonne consistance quand elle tombe de la cuillère en un ruban épais. Battre encore vigoureusement la pâte pour qu'elle emmagasine de l'air.
- Faire chauffer l'huile de friture (dans une friteuse ou dans une grande sauteuse). Laisser tomber la pâte en petites boules de la taille d'une noix (la friture ne doit pas être trop chaude : elle empêcherait les beignets de gonfler). Les égoutter au fur et à mesure dès qu'ils sont dorés. Les déposer sur du papier absorbant.
- Saupoudrer d'édulcorant au moment de servir.

La soupe des mariages aux cerises

Alsace
Coût : ●○○
Difficulté : ●○○
Préparation : 20 min
Cuisson : 15 min

Par personne : 1 1/2 P

Pour 4 personnes
- 550 g de cerises noires
- 1 gousse de vanille
- 1 bâton de cannelle
- 1 cc de zeste de citron râpé
- 20 cl de vin rouge
  (pinot noir d'Alsace ou côtes-du-Rhône)
- 2 biscuits à la cuiller

Recettes **régionales** — *dessert*

- Laver et dénoyauter les cerises. Mettre les noyaux dans un linge et les écraser avec un marteau. Fendre la gousse de vanille en 2.
- Faire chauffer dans une casserole 50 cl d'eau avec la cannelle, le zeste de citron et la vanille. Ajouter les cerises, laisser frémir pendant 10 minutes.
- Dans une autre casserole, faire bouillir les noyaux de cerises concassés dans le vin rouge pendant 15 minutes. Filtrer et ajouter le vin parfumé aux cerises.
- Dans une soupière, couper les biscuits en petits morceaux. Verser la soupe aux cerises bien chaude sur les biscuits.

Gratin de poires aux cassis

Bourgogne
Coût : ●○○
Difficulté : ●○○
Préparation : 25 min
Cuisson : 35 min

Par personne : 1 1/2 P

Pour 4 personnes
- 200 g de cassis (ou de groseilles)
- 2 poires Williams ou Doyenné du Comice
- 1 œuf
- 50 g d'édulcorant de cuisson en poudre
- 1 pincée de sel
- 20 g de beurre allégé
- 1 CS de farine
- 20 cl de lait écrémé
- 1 pincée de cannelle
- 1 pincée de noix muscade

- Préchauffer le four à th. 3-4 (150 °C).
- Laver et égrener les cassis (ou les groseilles). Éplucher les poires, les couper en 2 dans le sens de la longueur, enlever le cœur et les pépins. Couper chaque demi-poire en 2 et les disposer dans 4 plats à four individuels avec les cassis égrenés.
- Dans un saladier, battre l'œuf avec l'édulcorant et le sel, ajouter le beurre ramolli au préalable à l'aide d'une fourchette, puis la farine. Bien mélanger. Ajouter doucement le lait, en fouettant.
- Verser le mélange sur les fruits, saupoudrer de cannelle et de noix muscade, enfourner et laisser cuire pendant 35 minutes.
- Servir tiède.

Recettes régionales — *dessert*

Melons à la crème de framboises

Charentes
Coût : ●○○
Difficulté : ●○○
Préparation : 15 min
Pas de cuisson
Réfrigération : 1 h

Par personne : 1 1/2 P

Pour 6 personnes
- 15 cl de crème liquide allégée à 15 %
- 3 cc d'édulcorant
- 1 CS de glace pilée
- 3 petits melons charentais
- 1 CS de pineau rouge des Charentes
- 300 g de framboises

- Quelques heures à l'avance, mettre dans le réfrigérateur un saladier avec la crème liquide, l'édulcorant et un glaçon finement pilé.
- Couper les melons en 2 dans le sens de la largeur et les épépiner. Répartir le pineau dans les 6 coupes obtenues. Couvrir d'une feuille d'aluminium, réserver dans le réfrigérateur.
- Sortir la crème du réfrigérateur, mélanger, fouetter d'abord doucement puis plus rapidement jusqu'à ce que la crème forme un pic au bout du fouet.
- Sans les laver, écraser grossièrement la moitié des framboises à la fourchette, pour éviter qu'elles rendent trop de jus. Incorporer délicatement les framboises écrasées à la crème. Placer le saladier dans le réfrigérateur pendant 1 heure.
- Au moment de servir, répartir la crème sur les melons, accompagner avec le reste de framboises.

Le pineau des Charentes, fruit du hasard, est une subtile alliance de cognac et de jus de raisin mûri en fût de chêne. Le pineau blanc est sec, le rouge moelleux.

Recettes régionales

Galettes de sarrasin aux pommes

Bretagne
Coût : ●○○
Difficulté : ●○○
Préparation : 15 min
Cuisson : 20 min
Repos : 1 h

Pour 4 personnes
- 1 pomme de terre (pour graisser la poêle)

Pour la pâte :
- 100 g de farine de sarrasin (blé noir)
- 1 pincée de grains de fleur de sel
- 30 cl d'eau

Pour la garniture :
- 1 citron
- 2 pommes (Reine des reinettes ou Canada)
- 2 cc de margarine
- 2 cc de sucre en poudre

Par personne : 2 P

- Préparer la pâte : dans une jatte, mettre la farine tamisée et le sel, mélanger. Verser l'eau peu à peu tout en malaxant le mélange. Quand la pâte est encore épaisse, la battre vigoureusement pour emmagasiner de l'air, puis ajouter le reste de l'eau. Laisser reposer pendant 1 heure.
- Pendant ce temps, presser le citron. Éplucher les pommes, les couper en tranches épaisses, les arroser de jus de citron pour éviter qu'elles noircissent.
- Préparer la garniture : dans une poêle antiadhésive, faire chauffer la moitié de la margarine. Déposer les tranches de pommes avec leur jus. Faire cuire à feu moyen pendant 7 à 8 minutes. Les retourner délicatement, saupoudrer de sucre, retourner à nouveau. Tenir au chaud.
- Éplucher la pomme de terre, la laver et la couper en 2. Faire fondre le reste de margarine dans un petit bol. Piquer la pomme de terre avec une fourchette, de façon à tremper la partie plate dans la margarine, ce qui permet d'utiliser très peu de matière grasse.
- Faire chauffer une poêle antiadhésive, en graisser le fond à l'aide de la pomme de terre préalablement trempée dans la margarine fondue. Verser 1/4 de la pâte dans la poêle. Laisser cuire jusqu'à ce que la 1re face soit dorée et retourner la galette. Faire 4 galettes (il n'est pas toujours nécessaire de graisser la pomme de terre à chaque fois).
- Garnir avec les pommes cuites.

En Bretagne, les galettes de sarrasin se font sans œuf, les novices pourront ajouter à la pâte la moitié d'un œuf battu (à comptabiliser).

dessert

Poires belle Angevine, crème anglaise

Anjou
Coût : ●○○
Difficulté : ●○○
Préparation : 20 min
Cuisson : 30 min
Réfrigération : 30 min

Pour 6 personnes
- 3 poires Doyenné du Comice
- 1 bâton de cannelle
- 1 cc de grains de coriandre
- 1/2 cc de poivre blanc en grains
- 1 CS de fructose
- 10 cl de vin rouge (saumur-champigny)

Pour la crème anglaise :
- 1/2 gousse de vanille
- 30 cl de lait demi-écrémé
- 3 jaunes d'œufs
- 2 CS de fructose

Par personne : 2 P

- Éplucher les poires, les couper en 2 dans le sens de la longueur, enlever le cœur et les pépins. Poser les demi-poires sur le côté plat dans une grande sauteuse. Répartir les épices. Ajouter le fructose, le vin et suffisamment d'eau pour couvrir les fruits. Laisser cuire doucement pendant environ 15 minutes, jusqu'à ce que les fruits soient tendres. Égoutter, faire réduire le liquide, le filtrer.
- Préparer la crème anglaise : fendre la gousse de vanille en 2, la mettre avec le lait dans une casserole et porter à ébullition. Dans un saladier, travailler les jaunes d'œufs avec le fructose jusqu'à ce que le mélange blanchisse. Verser doucement le lait bouillant vanillé en continuant à fouetter. Transvaser le mélange dans la casserole, laisser épaissir à feu très doux, sans cesser de remuer. Le mélange ne doit pas bouillir. Arrêter la cuisson dès que la crème nappe la spatule.
- Verser doucement la crème à travers un chinois dans un saladier très froid. Si la crème est légèrement dissociée, la verser à nouveau dans un autre saladier en la battant au fouet.
- Mettre au frais jusqu'au moment de servir. Présenter les poires et la crème séparément.

Recettes
de ré

Comment suivre son régime amaigrissant tout en régalant ses convives ? Quelques réponses sont apportées dans ce chapitre aux recettes légères et raffinées.

ception

Recettes de réception — **cocktail**

Kir briard

Coût : ●○○
Difficulté : ●○○
Préparation : 10 min

Par personne : 1 P

Pour 4 personnes
- 200 g de cassis frais ou surgelés
- 1 petite pomme (Reinette)
- 1 citron
- 6 CS d'édulcorant
- 50 cl de cidre brut bien frais

- Laver les cassis à l'eau fraîche. En garder quelques grains entiers pour la décoration. Écraser le reste des grains et les passer au tamis pour en recueillir le jus. Laver la pomme, l'éplucher et la couper en fines tranches. Citronner les tranches.
- Répartir les grains de cassis entiers dans 4 verres. Décorer le tour des verres avec les tranches de la pomme. Mélanger le jus de cassis, l'édulcorant et le cidre, répartir dans les verres et servir.

Kéfir à la menthe

Coût : ●○○
Difficulté : ●○○
Préparation : 5 min
Macération : 48 heures

Par personne : 1/2 P

Pour 8 personnes
- 3 citrons non traités
- 1 l d'eau de source
- 1 sachet de ferment pour kéfir (en pharmacie)
- 8 cc de miel
- 1 gros bouquet de menthe

- Laver et couper les citrons en petits morceaux. Dans une grande bouteille en verre, verser 1 litre d'eau de source, le sachet de kéfir, les citrons et le miel. Mélanger et laisser macérer pendant 2 jours à température ambiante, sans fermer la bouteille. Le mélange commence à fermenter (apparition de petites bulles), puis cesse au bout de 24 à 48 heures.
- Laver et ciseler la menthe. L'ajouter au mélange, puis fermer la bouteille et garder au frais. Filtrer. Servir bien frais, à l'apéritif.

Recettes **de réception**

Terrine de lapin aux herbes

Coût : ●○○
Difficulté : ●○○
Préparation : 1 h
Cuisson : 3 h
Réfrigération : 24 h

Par personne : 4 1/2 P

Pour 4 personnes
- 1 petit lapin découpé en morceaux (1 kg)
- 4 échalotes
- 1 botte de persil
- 1 botte de ciboulette
- 2 œufs
- sel, poivre

- Préchauffer le four à th. 5 (180 °C).
- Désosser les morceaux de lapin en veillant à ne pas laisser de petits morceaux d'os accrochés à la chair. Peler les échalotes. Laver le persil et la ciboulette. Effeuiller le persil.
- Hacher grossièrement la chair du lapin, les échalotes, le persil et la ciboulette. Mélanger avec les œufs, saler et poivrer généreusement.
- Remplir une terrine avec la préparation. Couvrir d'une feuille d'aluminium. Enfourner et laisser cuire au bain-marie pendant 3 heures.
- Piquer la terrine jusqu'au centre pour vérifier la cuisson. Poser un poids sur la terrine et mettre au frais pendant 24 heures.

Terrine de foies de volaille

Coût : ●●○
Difficulté : ●○○
Préparation : 10 min
Cuisson : 20 min
Réfrigération : 24 h

Par personne : 4 P

Pour 4 personnes
- 300 g de foies de volaille
- 2 cc d'huile d'olive
- 1 bouquet d'estragon
- 15 cl de crème fraîche allégée à 15 %
- sel, poivre

- Cuire les foies de volaille à feu vif dans une poêle avec l'huile d'olive. Saler et poivrer.
- Effeuiller l'estragon, le mettre dans un mixeur avec les foies et la crème fraîche. Mixer en purée.
- Verser le mélange dans une terrine et mettre au frais pendant 24 heures.

entrée

Ratatouille glacée au basilic

Coût : ●○○
Difficulté : ●○○
Préparation : 10 min
Cuisson : 30 min
Réfrigération : 1 h

Par personne : 2 P

Pour 4 personnes
- 4 tomates bien mûres
- 2 courgettes
- 1 grosse aubergine
- 2 oignons blancs
- 8 cc d'huile d'olive
- 1 bouquet garni
- 1 bouquet de basilic
- sel, poivre

- Laver les tomates, les courgettes et l'aubergine. Les essuyer. Peler les oignons, les émincer. Couper séparément les courgettes et l'aubergine en cubes.
- Verser 1 cuillère à café d'huile d'olive dans une poêle et y faire revenir doucement les oignons, ajouter les dés de courgettes. Ajouter 2 cuillères à café d'huile d'olive, le bouquet garni, cuire en remuant pendant 10 minutes. Incorporer l'aubergine en dés, ajouter 2 cuillères à café d'huile d'olive, saler, poivrer, poursuivre la cuisson encore 10 minutes. Couper les tomates en cubes, les ajouter, verser encore 3 cuillères à café d'huile d'olive, cuire pendant 10 minutes en remuant régulièrement, saler, poivrer.
- Laver le bouquet de basilic. En ciseler la moitié et l'incorporer à la préparation. Laisser refroidir puis mettre au frais pendant au moins 1 heure avant de servir. Au moment de servir, parsemer la ratatouille avec le reste du basilic ciselé.

Salade de choucroute aux langoustines

Coût : ●●●
Difficulté : ●○○
Préparation : 15 min
Pas de cuisson

Par personne : 2 1/2 P

Pour 4 personnes
- 400 g de choucroute crue
- 20 langoustines cuites
- 20 tomates cerises
- quelques brins de ciboulette
- 4 cc d'huile d'olive
- 4 cc de vinaigre
- 4 cc de moutarde forte
- 6 cl de vin blanc d'Alsace
- sel, poivre

Recettes de réception — entrée

- Rincer la choucroute plusieurs fois à l'eau froide, puis l'égoutter parfaitement. L'étaler sur le plat de service.
- Décortiquer les langoustines, les couper en 2 dans le sens de la longueur à l'aide d'un petit couteau de cuisine. Les disposer sur la choucroute. Laver les tomates, les essuyer et les couper en 2. Les disposer tout autour de la choucroute.
- Laver la ciboulette. Mélanger l'huile, le vinaigre, la moutarde et le vin blanc. Saler (pas trop), poivrer fort et répartir la sauce sur le plat. Saupoudrer de ciboulette hachée.
- Servir frais.

Coquilles de moules gratinées

Coût : ●○○
Difficulté : ●○○
Préparation : 15 min
Cuisson : 10 min

Par personne : 2 1/2 P

Pour 4 personnes
- 1 kg de moules de bouchot
- 1 échalote
- 10 cl de vin blanc
- 2 branches de thym frais
- 1 feuille de laurier
- 1/2 cc d'huile d'olive
- 1 dosette de safran
- 4 cc de crème fraîche épaisse allégée à 15 %
- 40 g de parmesan râpé
- sel, poivre

- Gratter les moules, les rincer sous l'eau du robinet. Peler et émincer l'échalote. Verser le vin dans une cocotte, chauffer, ajouter le thym, le laurier, l'échalote et les moules. Les faire cuire à feu vif pendant 5 minutes en secouant la cocotte. Décortiquer les moules.
- Allumer le gril du four. Huiler, au pinceau, l'intérieur de 4 coquilles Saint-Jacques (ou à défaut 4 coquilles en aluminium). Mélanger le safran à la crème, saler, poivrer.
- Disposer les moules dans les coquilles, verser la crème au safran par-dessus, saupoudrer de parmesan et passer 5 minutes sous le gril pour les faire gratiner.
- Servir bien chaud.

Recettes **de réception**

Aspics de saumon fumé

Coût : ●●○
Difficulté : ●●○
Préparation : 40 min
Cuisson : 5 min
Réfrigération : 2 h

Par personne : 3 1/2 P

Pour 4 personnes
- 1/2 bouquet d'aneth
- 1 citron
- 3 feuilles de gélatine
- 4 tranches de saumon fumé (4 x 60 g)
- 8 cc de crème fraîche épaisse allégée à 15 %
- poivre

- Laver et égoutter l'aneth. Presser le citron. Faire tremper les feuilles de gélatine dans de l'eau froide pendant 30 minutes pour les ramollir. Les égoutter, puis les jeter avec le jus de citron dans 25 cl d'eau bouillante. Mélanger bien pour les dissoudre. Laisser tiédir.
- Verser une couche de ce mélange au fond de 4 ramequins et faire prendre au froid pendant 5 minutes.
- Couper les tranches de saumon fumé en lanières. Sortir les ramequins du réfrigérateur. Déposer quelques brins d'aneth sur la gelée, couvrir de lanières de saumon, poivrer, recouvrir d'une fine couche de gelée. Déposer, en tassant un peu, une deuxième couche de saumon, poivrer, ajouter un brin d'aneth et une couche de gelée, puis de nouveau du saumon, du poivre et de l'aneth. Terminer avec le reste de la gelée.
- Mettre au frais au minimum 2 heures.
- Battre la crème fraîche, la poivrer et la parsemer de brins d'aneth. Servir les aspics de saumon avec la crème.

Brouillade aux œufs de saumon

Coût : ●●○
Difficulté : ●○○
Préparation : 20 min
Cuisson : 10 min

Par personne : 4 P

Pour 6 personnes
- 6 œufs
- 1/2 bouquet d'aneth
- 2 cc de beurre
- 10 cl de crème fraîche allégée à 15 %
- 60 g d'œufs de saumon
- sel, poivre

- À l'aide d'un coupe-œufs ou d'un petit couteau-scie, couper délicatement un chapeau à chaque œuf. Vider les œufs dans une terrine en faisant attention de ne pas briser la coquille. Rincer les coquilles évidées, puis les retourner sur un linge.
- Laver l'aneth et le ciseler (en réserver 6 brins pour la décoration finale). Saler les œufs en comptant 1 petite pincée de sel par œuf, poivrer. Les battre à la fourchette.
- Verser les œufs dans une casserole. Ajouter le beurre. Placer la casserole dans une plus grande remplie d'eau frémissante et faire cuire au bain-marie sans cesser de mélanger avec une cuillère en bois (pendant environ 8 minutes).
- Dès que les œufs commencent à épaissir, incorporer la crème fraîche, les œufs de saumon et l'aneth ciselé. Remplir les coquilles évidées de cette préparation et décorer avec les brins d'aneth réservés. Présenter cette brouillade dans les coquilles placées dans des coquetiers. Servir chaud.

Salade mélangée aux oignons rouges

Coût : ●○○
Difficulté : ●○○
Préparation : 1 h
Cuisson : 1 h 30

Par personne : 2 P

Pour 4 personnes
- 400 g d'oignons rouges
- 1 poivron rouge
- 1 poivron jaune
- 1 clou de girofle
- 1 poignée de trévise
- 1 poignée de salade feuilles de chêne vertes
- sel, poivre
- 8 cc d'huile d'olive
- 2 gousses d'ail
- 1 citron
- 1 poignée de roquette
- 1 bouquet de basilic

- Préchauffer le four à th. 3-4 (150 °C).
- Peler et couper les oignons en lamelles, les mettre dans un plat à four, verser 2 cuillères à café d'huile d'olive, couvrir d'eau et enfourner. Laver les poivrons, les mettre entiers dans le four à côté du plat contenant les oignons. Laisser cuire pendant 1 heure. Retirer les poivrons, les peler, les épépiner et les couper en fines lamelles. Peler et émincer l'ail, le mettre dans une poêle avec les poivrons, le clou de girofle et 2 cuillères à café d'huile, laisser confire pendant 30 minu-

tes à feu doux. Laisser refroidir les oignons et les poivrons.
- Presser le citron. Mélanger le jus avec 4 cuillères à café d'huile, saler, poivrer. Laver et essorer les salades. Laver, égoutter et effeuiller le basilic. Mélanger les feuilles des salades, le basilic, les oignons et les poivrons confits. Arroser avec l'assaisonnement au citron. Servir tiède.

Barquettes d'endives aux pétoncles

Coût : ●●○
Difficulté : ●○○
Préparation : 15 min
Cuisson : 2 min

Par personne : 2 P

Pour 6 personnes
- 3 cc de fumet de poisson déshydraté
- 600 g de pétoncles décortiquées (fraîches ou surgelées)
- 1 CS de jus de citron
- 2 cc de cognac
- 2 CS d'huile d'olive
- 12 brins de ciboulette
- 3 endives
- sel, poivre du moulin

- Délayer le fumet de poisson dans 50 cl d'eau bouillante. Y faire pocher les pétoncles pendant 2 minutes à petits frémissements, les égoutter.
- Dans une terrine, mélanger le jus de citron, le cognac, l'huile d'olive et 1 cuillère à soupe de fumet de poisson. Saler, poivrer. Ajouter les pétoncles tiédis dans cette sauce. Les mélanger délicatement.
- Laver la ciboulette. Laver, essuyer, puis effeuiller les endives. Disposer les feuilles en étoiles sur 6 petites assiettes. Les garnir des pétoncles. Poivrer au moulin. Parsemer de ciboulette ciselée. Servir aussitôt.

Carpaccio de saumon et papaye

Coût : ●●○
Difficulté : ●●○
Préparation : 20 min
Pas de cuisson
Marinade : 30 min

Par personne : 5 P

Pour 6 personnes
- 1 CS de graines de coriandre
- 2 papayes
- 2 citrons verts
- 4 cc d'huile d'olive
- sel, poivre
- 600 g de filet de saumon frais dans sa partie la plus large

Recettes de réception — entrée

- Concasser les graines de coriandre entre 2 feuilles de papier sulfurisé à l'aide d'un rouleau à pâtisserie. Couper les papayes en 2. En retirer les graines. Les peler, puis les émincer finement. Presser les citrons.
- Avec un long couteau, couper le filet de saumon en tranches très fines en inclinant le couteau presque parallèlement au filet. Les déposer au fur et à mesure sur un plat en les alternant avec les lamelles de papayes. Arroser le tout du jus des citrons verts puis de l'huile d'olive. Saler, poivrer et parsemer des graines de coriandre concassées. Couvrir le plat d'un film étirable.
- Laisser mariner 30 minutes au réfrigérateur et servir.

Recettes de réception — viande

Gigot d'agneau farci à la menthe

Coût : ●●○
Difficulté : ●●○
Préparation : 20 min
Cuisson : 40 min
Repos : 10 min

Par personne (2 tranches)
7 1/2 P

Pour 4 personnes
- 1 bouquet de menthe
- 2 échalotes
- 1 CS de vinaigre de xérès
- 1 gigot d'agneau raccourci de 1 kg
- 2 CS d'huile de pépins de raisin
- sel, poivre

- Préchauffer le four à th. 6-7 (210 °C).
- Laver, effeuiller et hacher les feuilles de menthe. Peler et hacher les échalotes. Mélanger le hachis de menthe et celui d'échalotes avec le vinaigre.
- À l'aide d'un couteau bien affûté, entailler le gigot en profondeur, en suivant l'os afin de le retirer. Étaler la purée de menthe et d'échalotes dans l'espace libéré. Reformer le gigot en le tassant bien, le ficeler et le poser dans un plat à four.
- Saler, poivrer et arroser le gigot d'huile de pépins de raisin. L'enfourner et le faire cuire pendant 40 minutes en le retournant à

Recettes de réception — viande

mi-cuisson et en l'arrosant régulièrement du jus de cuisson.
- Retirer le gigot du four, le laisser reposer 10 minutes recouvert d'une feuille d'aluminium. Déglacer le plat de cuisson avec de l'eau tiède, laisser réduire de moitié sur feu moyen. Servir le gigot bien chaud accompagné de son jus de cuisson.

Filets de dinde sautés aux amandes

Coût : ●○○
Difficulté : ●○○
Préparation : 35 min
Cuisson : 30 min

Par personne : 5 P

Pour 4 personnes
- 2 filets de dinde (2 x 260 g)
- 2 oignons
- 4 cc d'huile de tournesol
- 2 CS de vinaigre de framboise
- 4 cc de miel liquide
- 4 pommes fondantes (Melrose, Reinette du Canada)
- 40 g d'amandes effilées
- sel, poivre

- Couper chaque filet de dinde en 2 dans le sens de la longueur, afin d'obtenir 4 escalopes. Peler et émincer très finement les oignons.
- Faire chauffer l'huile dans une poêle antiadhésive. Ajouter les escalopes, les faire revenir à feu vif pendant 3 minutes sur chaque face et les réserver sur une assiette. Verser les oignons dans la poêle, laisser fondre à feu doux, en remuant, pendant 10 minutes. Remettre la viande dans la poêle, ajouter le vinaigre et le miel.
- Saler et poivrer. Laisser mijoter pendant 15 minutes à feu très doux.
- Pendant ce temps, laver les pommes, ôter le centre à l'aide d'un couteau pointu ou d'un vide-pomme et entailler la peau de façon circulaire, tout autour des fruits. Faire cuire les pommes au four à micro-ondes pendant 7 minutes environ, puissance maximale (vérifier la cuisson en piquant les pommes).
- Faire griller à sec les amandes à feu doux dans une petite poêle antiadhésive, pendant 5 minutes, en remuant.
- Servir la viande parsemée d'amandes et entourée des pommes cuites.

Recettes
de réception

Poulet aux morilles

Coût : ●●○
Difficulté : ●○○
Préparation : 1 h
Cuisson : 1 h 20

Par personne : 7 P

Pour 4 personnes
- 4 échalotes
- 1 poulet fermier de 1,2 kg
- 1 poignée de morilles séchées
- 10 cl de vin blanc du Jura
- 4 CS rases de crème fraîche épaisse
- 1 bouquet garni
- 2 cc de beurre
- 1 jaune d'œuf
- sel, poivre

- Peler les échalotes, les couper en 2. Mettre le poulet dans une cocotte avec le bouquet garni et les échalotes. Saler, poivrer et couvrir d'eau. Faire cuire à feu moyen pendant 1 heure.
- Mettre les morilles à tremper dans le vin blanc pendant 30 minutes, les égoutter et réserver le vin blanc. Dans une poêle, faire revenir les morilles dans le beurre pendant 15 minutes. Les réserver.
- Sortir le poulet de la cocotte, faire réduire le bouillon de cuisson des 2/3 à feu vif. Découper le poulet en morceaux, les réserver au chaud.
- Dans une casserole, battre le jaune d'œuf dans le bouillon réduit et faire épaissir sur feu doux. Ajouter le vin blanc et la crème fraîche, porter à ébullition et laisser épaissir sans cesser de remuer. Ajouter les morilles, saler et poivrer. Remettre les morceaux de poulet dans la cocotte, verser la sauce par-dessus. Mélanger et faire chauffer pendant 5 minutes à feu doux. Servir bien chaud dans la cocotte.

Rôti de veau roulé au jambon de Parme

Coût : ●●●
Difficulté : ●○○
Préparation : 20 min
Cuisson : 40 min
Repos : 10 min

Par personne (2 tranches)
6 P

Pour 4 personnes
- 12 feuilles de sauge fraîche
- 650 g de rôti de veau dans la noix
- 4 fines tranches de jambon de Parme (4 x 20 g)
- 4 cc d'huile d'olive
- sel, poivre

- Préchauffer le four à th. 6-7 (210 °C).
- Laver la sauge. À l'aide d'un couteau bien aiguisé, découper le rôti dans sa longueur afin d'obtenir un large morceau de 2 cm d'épaisseur (on peut demander au boucher de le faire). Saler et poivrer la face interne de ce morceau et la tapisser de tranches de jambon puis de feuilles de sauge. Rouler le morceau en rôti en le serrant bien et le ficeler. Saler, poivrer. Le faire dorer avec 2 cuillères à café d'huile, sur toutes ses faces, à la poêle, pendant 20 minutes.
- Poser le rôti dans un plat à four et l'arroser avec l'huile restante. Enfourner et laisser cuire pendant 20 minutes en retournant le rôti à mi-cuisson et en l'arrosant régulièrement avec le jus de cuisson. Éteindre le four, entrouvrir la porte et laisser le rôti reposer pendant 10 minutes. Déglacer le plat de cuisson avec un peu d'eau chaude et faire réduire de moitié à feu moyen.
- Servir le rôti dans un plat avec le jus de cuisson en saucière.

Backehöffe alsacien

Coût : ●○○
Difficulté : ●○○
Préparation : 25 min
Cuisson : 2 h

Par personne : 7 1/2 P

Pour 4 personnes
- 400 g de jarret de veau
- 400 g de macreuse de bœuf
- 400 g de poireaux
- 800 g de pommes de terre
- 50 cl de vin blanc sec
- 1 cube de bouillon de légumes dégraissé
- 2 oignons
- 1 brin de thym
- 1 feuille de laurier
- sel, poivre

- Préchauffer le four à th. 5 (180 °C).
- Couper les viandes en gros cubes. Laver les poireaux, puis les couper en tronçons. Éplucher les pommes de terre, les laver, les couper en cubes. Éplucher les oignons et les émincer.
- Disposer la moitié des légumes dans une terrine allant au four, ajouter les dés de viande, couvrir avec le reste des légumes. Saler, poivrer et parsemer de thym et de laurier. Mouiller avec le vin et le cube de bouillon dilué dans 50 cl d'eau.
- Fermer hermétiquement la terrine et faire cuire au four pendant environ 2 heures. Servir très chaud.

Recettes **de réception** ──────────────────────── viande

Suprêmes de pintade aux morilles

Coût : ●●●
Difficulté : ●○○
Préparation : 10 min
Cuisson : 20 min

Par personne : 7 P

Pour 4 personnes
- 4 filets de pintade (4 x 130 g)
- 40 g de parmesan entier
- 4 fines tranches de jambon cru (120 g)
- 200 g de morilles fraîches (ou 50 g séchées)
- 4 cc de margarine
- 8 cc de crème fraîche allégée à 15 %
- sel, poivre

- Ouvrir les filets de pintade en 2 dans le sens de l'épaisseur. Couper le parmesan en tranches. Disposer à l'intérieur des filets une tranche de jambon et une tranche de parmesan. Refermer à l'aide d'une pique en bois.
- Si les morilles sont séchées, les faire préalablement tremper 10 minutes dans de l'eau tiède. Essuyer soigneusement les morilles et les émincer si elles sont grosses.
- Faire fondre la margarine dans une poêle antiadhésive. Ajouter les suprêmes et les faire revenir à feu vif pendant 5 minutes sur chaque face. Ajouter les champignons, saler, poivrer, baisser le feu et laisser cuire, à couvert, pendant 10 minutes.
- Déglacer avec 2 cuillères d'eau chaude et ajouter la crème fraîche. Servir aussitôt, accompagné, par exemple, d'épinards ou de brocolis.

Recettes **de réception** ──────────────────────── poisson

Saumon parmentière

Coût : ●●○
Difficulté : ●○○
Préparation : 25 min
Cuisson : 40 min

Par personne : 8 P

Pour 4 personnes
- 300 g de saumon frais
- 120 g de saumon fumé
- 800 g de pommes de terre
- quelques brins d'aneth
- 4 cc de vin blanc sec
- 8 cc de crème fraîche
- 4 cc de margarine
- sel, poivre

Recettes de réception

- Préchauffer le four à th. 5 (180 °C).
- Couper le saumon frais en petits dés et le saumon fumé en lanières. Éplucher les pommes de terre, les laver et les émincer très finement. Laver l'aneth.
- Tapisser le fond d'un plat en terre avec la moitié des tranches de pommes de terre. Disposer le poisson par-dessus. Saler, poivrer, ajouter l'aneth, le vin blanc et la crème fraîche. Couvrir avec le reste des pommes de terre. Tasser légèrement avec le plat de la main.
- Répartir la margarine en petites noix et faire cuire au four pendant 40 minutes. Couvrir d'une feuille d'aluminium si le gratin se colore trop vite. Servir chaud.

Saumon froid à la mayonnaise verte minceur

Coût : ●●○
Difficulté : ●○○
Préparation : 30 min
Cuisson : 20 min
Réfrigération : 2 h

Pour 8 personnes
- 1 saumon frais de 2 kg environ
- 1 sachet de court-bouillon
- 4 feuilles de gélatine (8 g)
- sel, poivre

Pour la sauce :
- 250 g de cresson ou de mâche
- 4 jaunes d'œufs durs
- 4 cc de moutarde forte
- 2 CS de jus de citron
- 400 g de fromage blanc battu à 20 %
- sel, poivre

Par personne : 8 1/2 P

- Demander au poissonnier d'écailler et de vider le saumon. Lui demander également, pour faciliter le service, de retirer l'arête centrale.
- Saler et poivrer l'intérieur du saumon. L'envelopper dans une mousseline, puis le placer dans une poissonnière (ou un grand faitout ovale). Poudrer de court-bouillon. Couvrir d'eau froide à hauteur. Porter doucement à ébullition. Laisser frémir pendant 20 minutes.

- Pendant ce temps, préparer la sauce : faire blanchir le cresson (ou la mâche) en le plongeant quelques secondes dans de l'eau bouillante. Égoutter bien en pressant les feuilles entre les mains, puis les mixer en une purée fine.
- Dans une terrine, écraser les jaunes d'œufs à la fourchette avec la moutarde et le jus de citron. Incorporer progressivement le fromage blanc en fouettant la sauce afin de bien l'émulsionner. Saler, poivrer, puis incorporer la purée de cresson (ou de mâche).
- Égoutter le saumon, retirer la peau soigneusement et le laisser refroidir.
- Mettre la gélatine dans un verre d'eau froide pour la ramollir, puis l'égoutter. Filtrer 25 cl de court-bouillon. Y faire fondre la gélatine bien égouttée. Laisser refroidir.
- Napper le saumon refroidi 3 fois de suite de cette gelée froide mais encore liquide pour bien l'enrober. Réserver au réfrigérateur (minimum 2 heures) jusqu'au moment de servir. Accompagner de la sauce.

Turbot grillé - crème au citron

Coût : ●●●
Difficulté : ●○○
Préparation : 10 min
Cuisson : 20 min
Repos : 5 min

Par personne : 4 P

Pour 4 personnes
- 1 turbot de 1,5 kg vidé et écaillé
- 2 cc d'huile d'olive
- 2 citrons
- 4 CS rases de crème fraîche épaisse
- sel, poivre

- Allumer le gril, glisser la grille à 20 cm sous les résistances.
- Essuyer le poisson, le saler, le poivrer et l'arroser d'huile d'olive. Le mettre dans un plat à four et le poser sur la grille. Laisser cuire pendant 10 minutes. Le retourner délicatement et faire cuire l'autre face pendant encore 10 minutes. Le laisser reposer dans le four éteint pendant 5 minutes.
- Presser les citrons. Saler, poivrer la crème fraîche et la mettre dans une petite casserole. La porter à ébullition, verser le jus des citrons, mélanger en maintenant une petite ébullition. Servir le turbot accompagné de sa sauce.

Recettes **de réception** — poisson

Homard au whisky

Coût : ●●●
Difficulté : ●●●
Préparation : 15 min
Cuisson : 15 min

Par personne : 2 1/2 P

Pour 4 personnes
- 2 sachets de court-bouillon
- 2 homards moyens vivants (2 x 350 g)
- 100 g de fromage blanc à 20 %
- 2 échalotes
- 2 cc de margarine
- 6 cl de whisky
- 1 citron vert
- 1 cc de gingembre râpé
- 2 cc de sauce soja

- Diluer le court-bouillon dans 2 litres d'eau. Porter à ébullition. Plonger les homards dans le court-bouillon, baisser le feu et laisser mijoter pendant 10 minutes. Les égoutter et les couper en 2 dans le sens de la longueur. Réserver au chaud.
- Éplucher et émincer les échalotes. Presser le citron. Faire fondre la margarine dans une poêle, ajouter les échalotes et le gingembre râpé. Faire revenir, sans colorer, à feu très doux pendant 5 minutes. Ajouter le whisky et le flamber. Verser le jus du citron et la sauce soja. Lier avec le fromage blanc, hors du feu. Servir les homards chauds, nappés de sauce.

Accras de morue légers

Coût : ●○○
Difficulté : ●●●
Dessalage : 2 h
Préparation : 40 min
Cuisson : 25 min

Par personne (6 accras) 6 P

**Pour 4 personnes
(24 accras environ)**
- 240 g de morue salée crue
- 1 bouquet de cives (ou de ciboulette)
- 3 gousses d'ail
- 2 piments oiseaux (facultatif)
- 4 cc de margarine au tournesol
- 160 g de farine
- 3 œufs

- Faire dessaler la morue pendant 2 heures dans l'eau fraîche en la renouvelant plusieurs fois. La faire pocher pendant 10 minutes à l'eau frémissante (sans sel), puis l'égoutter soigneusement. L'effeuiller et ôter, si besoin, les arêtes.

Recettes de réception — poisson

- Préchauffer le four à th. 6-7 (210 °C).
- Laver les cives. Peler les gousses d'ail et les émincer, ainsi que les cives et les piments. Mélanger les aromates et le poisson.
- Porter à ébullition 25 cl d'eau additionnée de la margarine. Jeter la farine en une fois et mélanger hors du feu. Incorporer les œufs un à un, en travaillant la pâte énergiquement.
- Ajouter le mélange poisson-aromates. Faire des petites boules de la taille d'une grosse noisette. Les disposer sur la plaque du four et faire cuire pendant 15 minutes. Servir chaud, accompagné de crudités.

Calamars farcis aux poivrons et au riz

Coût : ●○○
Difficulté : ●○○
Préparation : 50 min
Cuisson : 1 h 20
Repos : 15 min

Par personne : 4 1/2 P

Pour 4 personnes
- 1 poivron rouge
- 60 g de riz basmati
- 8 petits calamars (650 g)
- 2 branches de thym frais
- sel, poivre
- 1 poivron jaune
- 1 oignon
- 2 CS d'huile d'olive
- 2 gousses d'ail

- Allumer le gril du four. Recouvrir la plaque d'une feuille d'aluminium et la glisser dans le four 20 cm en dessous des résistances.
- Laver les poivrons, les essuyer et les poser sur la plaque du four. Faire griller les poivrons en les retournant sur toutes les faces. Les sortir du four, les enfermer dans un sac plastique et les laisser reposer 15 minutes.
- Pendant ce temps, faire cuire le riz à l'eau bouillante salée comme indiqué sur le paquet. Nettoyer les calamars et les essuyer. Peler et émincer l'oignon. Le faire dorer à feu doux dans une poêle avec 1 cuillère à café d'huile d'olive. Peler les poivrons, les épépiner et les couper en lanières. Les ajouter à l'oignon avec l'ail non pelé et le thym. Cuire doucement pendant 30 minutes.
- Préchauffer le four à th. 5 (180 °C).
- Mélanger le riz, les poivrons et l'oignon (retirer l'ail et le thym). Saler, poivrer. Farcir les calamars de cette préparation. Les déposer dans un plat à four, les arroser du reste d'huile d'olive, saler et poivrer. Enfourner et cuire pendant 15 minutes en retournant les calamars à

Recettes **de réception**

plat complet

Risotto à la tomate et au parmesan

Coût : ●○○
Difficulté : ●○○
Préparation : 10 min
Cuisson : 30 min

Par personne : 4 P

Pour 4 personnes
- 50 cl de bouillon de volaille
- 15 cl de coulis de tomates
- 160 g de riz italien (arborio)
- quelques branches de basilic frais
- sel, poivre
- 2 oignons
- 2 cc d'huile d'olive
- 60 g de parmesan

- Mélanger le bouillon de volaille et le coulis de tomates dans une casserole. Faire chauffer et maintenir à petite ébullition.
- Peler et hacher les oignons, les faire dorer dans une cocotte avec l'huile d'olive pendant 5 minutes. Ajouter le riz, mélanger, verser une louchette de bouillon et laisser cuire à petits frémissements en remuant. Saler et poivrer. Quand le bouillon est absorbé, verser une autre louchette de bouillon, poursuivre la cuisson en procédant de la même manière jusqu'à épuisement du bouillon (20 minutes environ).
- Couper le parmesan en fines lamelles. Laver et ciseler les feuilles de basilic. Hors du feu incorporer le parmesan et le basilic au riz, en remuant vigoureusement. Servir aussitôt.

Taboulé surprise

Coût : ●●○
Difficulté : ●○○
Préparation : 1 h
Pas de cuisson
Réfrigération : 2 h

Par personne : 4 1/2 P

Pour 6 personnes
- 250 g de semoule de couscous
- 2 pamplemousses jaunes
- 2 citrons verts
- 1 concombre
- 3 pamplemousses roses
- 2 bottes de petits oignons blancs
- 400 g de surimi
- 250 g de crevettes roses et grises
- 1 bouquet de coriandre
- sel, poivre

Pour la sauce :
- 4 CS d'huile d'olive
- 6 CS de jus de citron
- 3 gouttes de Tabasco
- sel, poivre

- Verser la semoule de couscous dans un grand saladier. Presser les pamplemousses jaunes et les citrons verts, verser le jus sur la

semoule. Saler, poivrer et mélanger. Au besoin, ajouter un peu d'eau. Mettre au frais pendant 2 heures.
- Bien laver le concombre – ne pas enlever la peau – et le couper en 2 dans le sens de la largeur, puis de la longueur. Retirer les graines à l'aide d'une petite cuillère. Couper chaque demi-coque à nouveau en 2, puis couper en dés.
- Peler les pamplemousses roses. Enlever les membranes qui entourent chaque quartier. Éplucher les oignons et les hacher grossièrement. Couper le surimi en morceaux. Décortiquer les crevettes. Laver et hacher la coriandre.
- Dans le saladier contenant la semoule, ajouter le hachis d'oignons, les dés de concombre, les quartiers de pamplemousse, les morceaux de surimi, les crevettes roses et grises et la coriandre hachée.
- Préparer la sauce : verser l'huile, le jus de citron et le Tabasco dans un bol. Saler et poivrer. Émulsionner et verser sur le taboulé. Bien mélanger. Servir frais.

Galettes de pommes de terre au surimi

Coût : ●○○
Difficulté : ●○○
Préparation : 40 min
Cuisson : 10 min

Par personne : 5 P

Pour 4 personnes
- 600 g de pommes de terre
- 1 œuf
- quelques feuilles de salade
- 40 g d'œufs de lump
- sel, poivre
- 240 g de surimi
- 4 cc d'huile d'olive
- 2 tomates
- 1 citron

- Éplucher les pommes de terre, les laver, puis les râper finement à l'aide d'une râpe électrique. Couper les bâtonnets de surimi en petits tronçons, les mélanger aux pommes de terre, ainsi que l'œuf entier. Saler et poivrer.
- Faire chauffer la moitié de l'huile dans une large poêle antiadhésive. Déposer des petits tas légèrement aplatis du mélange aux pommes de terre. Faire cuire pendant 5 minutes sur chaque face, à feu doux.
- Laver les feuilles de salade et les tomates. Couper les tomates en quartiers. Tapisser le plat de service des feuilles de salade et déco-

rer avec les quartiers de tomates. Disposer les galettes de pommes de terre par-dessus. Répartir les œufs de lump sur les galettes.
- Presser le citron, mélanger le jus avec l'huile restante et verser sur la salade et les tomates. Servir sans attendre.

Tatin d'échalote

Coût : ●○○
Difficulté : ●●○
Préparation : 20 min
Cuisson : 40 min

Par personne : 4 1/2 P

Pour 4 personnes
- 20 échalotes roses
- 2 cc de beurre
- 5 cl de vinaigre de vin rouge
- 25 cl de vin rouge
- 160 g de pâte feuilletée
- sel, poivre

- Peler les échalotes. Les mettre dans une sauteuse avec le beurre et 2 cuillères à soupe d'eau. Laisser étuver 15 minutes à couvert sur feu doux. Mouiller avec le vinaigre et le vin rouge. Poursuivre la cuisson sans couvrir jusqu'à évaporation complète du liquide. Saler, poivrer et laisser refroidir.
- Préchauffer le four à th. 6-7 (210°C).
- Répartir les échalotes dans 4 moules à tartelettes. Étaler finement la pâte feuilletée sur le plan de travail. Découper 4 ronds de même diamètre que les moules. Les piquer à la fourchette. En recouvrir les échalotes en glissant les bords de la pâte à l'intérieur des moules. Faire cuire 15 minutes au four.
- Démouler et servir en accompagnement d'une volaille ou d'un gibier rôti (à comptabiliser).

accompagnement

Navets glacés à la cassonade

Coût : ●○○
Difficulté : ●○○
Préparation : 10 min
Cuisson : 20 min

Par personne : 1/2 P

Pour 4 personnes
- 1 kg de petits navets avec leurs fanes
- 2 cc de beurre
- 2 cc de cassonade
- sel, poivre

- Éplucher les navets en laissant 2 centimètres de fanes. Les mettre dans une sauteuse avec le beurre. Mouiller d'eau juste à hauteur. Saler et poivrer. Porter à ébullition. Laisser cuire 10 minutes à couvert sur feu doux. Retirer le couvercle et poursuivre la cuisson environ 5 minutes, jusqu'à évaporation complète du liquide.
- Saupoudrer de cassonade. Tourner rapidement les navets sur feu vif afin qu'ils caramélisent légèrement et prennent un aspect brillant, comme glacés.
- Les servir avec une volaille rôtie ou des filets de canards grillés (à comptabiliser).

Purée d'artichauts à la ciboulette

Coût : ●●○
Difficulté : ●●●
Préparation : 25 min
Cuisson : 30 min

Par personne : 1 P

Pour 4 personnes
- 300 g de pommes de terre
- 600 g de fonds d'artichauts surgelés
- 10 brins de ciboulette
- 6 cc de crème fraîche allégée à 15 %
- 1 pincée de noix muscade
- 2 blancs d'œufs
- sel, poivre

- Éplucher les pommes de terre, les laver et les couper en 2. Faire cuire les fonds d'artichauts et les pommes de terre à la vapeur pendant 20 minutes (ou à l'eau bouillante salée).
- Égoutter les légumes et les passer au presse-purée ou au moulin à légumes, grille fine. Laver et hacher la ciboulette. L'ajouter avec la crème fraîche et la noix muscade. Saler et poivrer.
- Préchauffer le four à th. 8 (240 °C).

Recettes **de réception**

- Monter les blancs d'œufs en neige très ferme. Les incorporer délicatement à la purée de légumes.
- Verser la purée dans un plat rond antiadhésif à bords hauts (type moule à soufflé) et enfourner pendant 8 à 10 minutes, le temps que la purée gonfle légèrement. Servir aussitôt, avec une viande blanche ou un poisson.

Risotto à la truffe

Coût : ●●●
Difficulté : ●○○
Préparation : 30 min
Cuisson : 30 min

Par personne : 3 P

Pour 6 personnes
- 2 échalotes
- 200 g de riz italien (arborio)
- 10 cl de vin blanc sec
- 75 cl de bouillon de volaille
- 40 g de parmesan râpé
- 1 truffe fraîche ou en conserve au naturel (40 g)
- 2 cc d'huile d'olive
- 8 cl de jus de truffe
- 2 cc de beurre
- sel, poivre

- Éplucher les échalotes et les hacher. Chauffer l'huile dans une casserole. Faire fondre l'échalote 2 à 3 minutes. Ajouter le riz. Mélanger jusqu'à ce que les grains soient translucides puis verser le vin blanc. Laisser s'évaporer à feu doux.
- Mouiller avec le jus de truffe et une louche de bouillon. Faire cuire sans cesser de mélanger en ajoutant le reste de bouillon louche après louche, au fur et à mesure qu'il est absorbé par le riz. Saler, poivrer.
- Hors du feu et 5 minutes avant la fin de cuisson, incorporer le parmesan râpé, le beurre, puis la truffe finement émincée. Servir chaud en accompagnement d'une volaille rôtie (à comptabiliser).

Gratin du soleil

Coût : ●○○
Difficulté : ●○○
Préparation : 40 min
Cuisson : 40 min

Par personne : 2 P

Pour 4 personnes
- 1 kg de haricots verts
- 4 kg de tomates
- 4 cc d'huile d'olive
- 2 gousses d'ail
- 4 yaourts à 0 %
- 1 cc de curry
- sel, poivre

accompagnement

- Préchauffer le four à th. 6 (200 °C). Faire bouillir une grande quantité d'eau salée dans une cocotte. Éplucher les haricots verts – ou bien utiliser des haricots en conserve ou surgelés – et les faire cuire 5 minutes dans l'eau bouillante.
- Plonger les tomates dans l'eau bouillante quelques secondes, les égoutter et retirer la peau. Les couper en 2 et les presser dans les mains pour éliminer l'eau et les pépins.
- Dans un plat à gratin, ou 4 petits plats individuels, verser les haricots verts. Les recouvrir avec les tomates. Arroser d'huile d'olive et faire cuire à four chaud 30 minutes.
- Éplucher et hacher l'ail. Verser les yaourts dans un bol, ajouter l'ail haché, le curry, le sel et le poivre. Battre au fouet.
- Sortir le plat à gratin du four, verser la sauce au yaourt et enfourner pour 5 minutes.
- Servir chaud.

Recettes
de réception _____ *dessert*

Granité de melon

Coût : ●○○
Difficulté : ●○○
Préparation : 10 min
Pas de cuisson
Congélation : 12 h

Par personne : 0 P

Pour 4 personnes
- 1 melon de 800 g
- 1/2 bouquet de basilic

- Couper le melon en 2, retirer les graines, récupérer la chair, la couper en gros cubes.
- Mettre ces cubes dans un sac de congélation. Placer le sac au congélateur et laisser au moins 12 heures.
- Laver le basilic. Juste avant de servir, mixer grossièrement les cubes de melon avec les feuilles de basilic.
- Servir aussitôt dans des coupelles.

Recettes de réception — dessert

Mousse au café

Coût : ●○○
Difficulté : ●●●
Préparation : 15 min
Cuisson : 5 min
Réfrigération : 1 h

Par personne : 2 P

Pour 6 personnes
- 50 cl de lait écrémé
- 2 CS de café soluble
- 3 œufs très frais
- 4 CS d'édulcorant de cuisson en poudre
- 20 g de Maïzena
- 4 cc de whisky
- 20 g de chocolat noir

- Prélever 2 cuillères à soupe de lait. Mélanger le café soluble et le lait restant dans une casserole, puis porter à ébullition. Séparer les jaunes des blancs d'œufs. Battre les jaunes avec l'édulcorant. Verser le café au lait chaud et mélanger énergiquement.
- Délayer la Maïzena dans le lait réservé à cet effet et verser dans le mélange lait-œufs. Remettre sur le feu et laisser épaissir pendant 2 minutes en fouettant. Retirer du feu, ajouter le whisky et laisser refroidir.
- Râper le chocolat ou faire des copeaux. Monter les blancs en neige très ferme, puis les incorporer à la crème froide. Répartir dans 4 coupes et saupoudrer de chocolat râpé. Mettre au réfrigérateur pendant 1 heure. Servir très frais.

Coquilles aux abricots rôtis

Coût : ●○○
Difficulté : ●○○
Préparation : 10 min
Cuisson : 20 min

Par personne : 1 P

Pour 4 personnes
- 2 cc de beurre
- 4 feuilles de brick
- 1 gousse de vanille
- 6 abricots bien mûrs
- 4 cc de fructose

- Préchauffer le four à th. 5 (180 °C).
- Beurrer 4 petits moules individuels à soufflé, les tapisser chacun de 1 feuille de brick. Découper régulièrement le haut des feuilles aux

ciseaux tout autour. Enfourner et faire cuire pendant 10 minutes. Retirer du four, sortir délicatement les feuilles des moules et les réserver.
- Allumer le gril du four.
- Fendre la gousse de vanille en 2 dans la longueur et récupérer les graines. Laver les abricots, les couper en 2, les dénoyauter, déposer quelques graines de vanille au centre de chaque moitié, les saupoudrer de fructose et les mettre dans un plat à four. Disposer les abricots sous le gril, les laisser rôtir pendant environ 10 minutes. Laisser tiédir.
- Garnir les coquilles de brick des moitiés d'abricots. Servir tiède.

Flan à la mangue

Coût : ●●○
Difficulté : ●○○
Préparation : 30 min
Cuisson : 30 min
Réfrigération : 30 min

Par personne : 3 1/2 P

Pour 4 personnes
- 1 mangue bien mûre
- 40 cl de lait demi-écrémé
- 2 œufs
- 40 g de farine
- 3 CS d'édulcorant de cuisson en poudre
- 1 carambole
- 6 fruits de la passion
- 1 kiwi

- Préchauffer le four à th. 3-4 (150 °C).
- Éplucher la mangue, puis couper la chair en dés. Mélanger à la fourchette le lait, les œufs, la farine et l'édulcorant. Ajouter les dés de mangue et mélanger. Verser le mélange dans 4 ramequins allant au four. Enfourner et faire cuire pendant 30 minutes. Laisser tiédir hors du four, puis placer au réfrigérateur pendant 30 minutes.
- Laver la carambole, la couper en rondelles fines, afin d'obtenir de jolies étoiles. Ouvrir les fruits de la passion, vider leur contenu dans un bol. Éplucher le kiwi, le couper en rondelles.
- Démouler les flans sur les assiettes de présentation. Napper de chair de fruits de la passion et décorer de rondelles de carambole et de kiwi. Servir froid.

Recettes de réception

Mousse au citron vert

Coût : ●●○
Difficulté : ●○○
Préparation : 15 min
Cuisson : 10 min
Réfrigération : 3 h

Par personne : 1 1/2 P

Pour 6 personnes

- 4 citrons verts non traités
- 6 CS d'édulcorant
- 1 CS de Maïzena (ou fécule de pomme de terre)
- 2 cc de beurre allégé à 41 %
- 4 œufs
- 1 pincée de sel

- Laver 3 citrons verts, prélever les zestes à l'aide d'un couteau économe et les râper finement. Les mettre dans une passoire fine et les plonger pendant 2 minutes dans une casserole d'eau bouillante. Les rafraîchir et les égoutter. Presser les 4 citrons.
- Délayer la Maïzena dans 2 cuillères à soupe d'eau froide. Séparer les jaunes des blancs d'œufs. Mettre les jaunes dans une casserole inoxydable. Incorporer la Maïzena délayée, ajouter 20 cl d'eau, les zestes blanchis et le jus des citrons. Faire épaissir sur feu doux sans cesser de mélanger. Dès l'ébullition, retirer du feu. Sucrer avec l'édulcorant. Verser cette crème dans une jatte. Incorporer le beurre, puis laisser tiédir.
- Monter les blancs d'œufs en neige ferme avec 1 pincée de sel. Les incorporer délicatement à la préparation en la soulevant de bas en haut avec une spatule. Répartir la mousse dans des coupes. Réserver au moins 3 heures au réfrigérateur. Servir très frais.

Soupe de cerises à la menthe

Coût : ●●○
Difficulté : ●○○
Préparation : 10 min
Cuisson : 15 min
Infusion : 1 h
Réfrigération : au moins 1 h

Par personne : 1 1/2 P

Pour 4 personnes

- 500 g de cerises (Bigarreaux)
- 2 oranges
- 1 gousse de vanille
- 30 cl de vin rouge corsé (côtes-du-Rhône)
- 1 CS d'édulcorant de cuisson en poudre
- 1/2 bouquet de menthe fraîche

- Laver et dénoyauter les cerises. Récupérer une douzaine de noyaux, les concasser et les enfermer dans une mousseline. Presser les oranges. Fendre la gousse de vanille en 2 dans la longueur.

dessert

- Verser le vin dans une grande casserole, ajouter le jus d'orange, la gousse de vanille fendue et le nouet contenant les noyaux. Porter à ébullition et faire réduire de 1/3. Verser l'édulcorant, cuire pendant 1 minute et ajouter les cerises. Porter à ébullition et éteindre le feu.
- Laver la menthe. Mettre une vingtaine de feuilles dans la casserole, couvrir et laisser infuser 1 heure. Retirer les feuilles, la vanille et le nouet. Mettre au frais pendant 1 heure au moins.
- Servir parsemé du reste des feuilles de menthe fraîche ciselées.

Soufflé glacé à l'ananas

Coût : ●○○
Difficulté : ●○○
Préparation : 30 min
Pas de cuisson
Réfrigération : 4 h

Par personne : 1 P

Pour 4 personnes
- 1 ananas de 800 g
- 3 feuilles de gélatine
- 1 gousse de vanille
- 4 CS de crème fraîche épaisse allégée à 15 %
- 3 cc de fructose

- Couper l'ananas en 2, retirer le cœur qui est dur et prélever la pulpe, en veillant à ne pas percer l'écorce. Couper la pulpe en dés et récupérer le jus.
- Faire tremper la gélatine dans de l'eau froide pour la ramollir. Fendre la gousse de vanille en 2 dans la longueur, récupérer les graines et les mélanger à la crème fraîche. Égoutter la gélatine, la dissoudre dans un fond d'eau bouillante et ajouter le jus d'ananas et le fructose. Laisser tiédir et mélanger à la crème fraîche.
- Passer les dés d'ananas au mixeur jusqu'à obtention d'une purée homogène, la mélanger à la crème. Remplir l'écorce d'ananas du mélange après avoir ajouté contre le bord interne de l'ananas une bande de carton dépassant de 2 cm environ. Mettre au frais pendant au moins 4 heures.
- Retirer la bande avant de servir frais.

Recettes de réception — *dessert*

Chaud-froid de mangues à la cannelle

Coût : ●●○
Difficulté : ●○○
Préparation : 30 min
Cuisson : 10 min
Congélation : 5 h

Par personne : 3 1/2 P

Pour 6 personnes

Pour la glace à la noix de coco :
- 12,5 cl de lait de coco non sucré
- 4 yaourts nature
- 4 CS d'édulcorant

Pour la garniture :
- 3 mangues
- 2 cc de beurre
- 2 citrons verts non traités
- 1 CS de fructose
- 2 bâtons de cannelle
- 2 cc de cannelle en poudre

- Préparer la glace : mettre le lait de coco, les yaourts et l'édulcorant dans un saladier, en inox de préférence (matière conductrice du froid). Battre au fouet électrique pendant 5 minutes. Placer la préparation au congélateur positionné sur le froid maximum (- 24 °C). Au bout de 2 heures, fouetter la glace qui commence à prendre. Laisser encore 3 heures en recommençant à fouetter la glace au moins 2 fois jusqu'à ce qu'elle soit complètement prise. La glace peut également être réalisée dans une sorbetière.
- Préparer la garniture : couper les mangues en 2 de part et d'autre du noyau. Éplucher chaque moitié puis la détailler en cubes. Les faire revenir à la poêle dans le beurre chaud à feu vif pendant 2 à 3 minutes.
- Laver les citrons verts. Prélever les zestes à l'aide d'un couteau économe et les râper. Presser les citrons. Ajouter le zeste râpé, le jus des citrons verts, le fructose et les bâtons de cannelle aux dés de mangues. Poursuivre la cuisson pendant 5 minutes.
- Égoutter les dés de mangues. Les répartir dans des assiettes creuses. Faire bouillir et réduire le jus de cuisson pendant encore 2 minutes, puis le verser bouillant sur les fruits. Saupoudrer de cannelle et garnir de boules de glace à la noix de coco.
- Servir aussitôt.

Recettes de réception

dessert

Profiteroles sauce Melba

Coût : ●○○
Difficulté : ●●○
Préparation : 30 min
Cuisson : 20 min

Pour 16 profiteroles

Pour la pâte à choux :
- 1 cc de sucre en poudre
- 1/2 cc de sel
- 40 g de beurre
- 75 g de farine
- 2 œufs moyens

Pour la crème :
- 1 gousse de vanille
- 25 cl de lait demi-écrémé
- 4 jaunes d'œufs
- 15 g de farine
- 10 g de Maïzena
- 4 CS d'édulcorant
- 2 blancs d'œufs

Pour le coulis :
- 250 g de framboises (fraîches ou surgelées)
- 1 CS d'édulcorant
- 1 CS de kirsch

Pour 2 profiteroles : 3 1/2 P

- Préchauffer le four à th. 6-7 (210 °C).
- Préparer la pâte à choux : dans une casserole, porter 12 cl d'eau froide à ébullition avec le sucre, le sel et le beurre en copeaux. Hors du feu, ajouter la farine d'un seul coup. Remuer vivement avec une cuillère en bois, puis ajouter les œufs l'un après l'autre en travaillant la pâte entre chaque œuf. À l'aide de 2 cuillères, déposer la pâte en 16 petits tas sur une plaque à pâtisserie recouverte d'une feuille de cuisson. Faire cuire pendant 20 minutes au four. Les laisser refroidir à la sortie du four.
- Pendant ce temps, préparer la crème : fendre la gousse de vanille en 2 dans la longueur. Porter 20 cl de lait à ébullition. Mettre la gousse de vanille à infuser pendant 5 minutes, puis la retirer. Dans une terrine, mélanger les jaunes d'œufs avec 5 cl de lait froid. Incorporer la farine et la Maïzena, puis délayer avec le lait bouillant. Reverser le tout dans la casserole et faire cuire jusqu'à épaississement sans cesser de mélanger. Hors du feu, sucrer avec l'édulcorant. Laisser tiédir.
- Battre les blancs d'œufs en neige, puis les incorporer à la crème tiédie.
- Préparer le coulis : mixer les framboises avec l'édulcorant et parfumer de kirsch.
- Remplir les choux refroidis de la crème et napper d'un peu de coulis. Servir avec le reste de coulis en saucière.

Index thématique

Abricot
Coquilles aux abricots rôtis 262
Lily rose 97
Mille-feuille de fruits 134

Abricots secs
Papillote de poire
aux mendiants 139

Agneau
Brochette d'agneau aux poivrons 63
Gigot d'agneau farci
à la menthe 244
Noisettes d'agneau de pré-salé 197

Amande
Filets de dinde sautés
aux amandes 245
Petit déjeuner douceur 94
Riz mon chéri 134

Ananas
Ananas farcis 170
Brioches aux fruits exotiques 18
Minestrone de fruits exotiques 45
Nectar ananas-coco 148
Papillote d'ananas à la vanille 83
Pilaf de blé 80
Poires Azer 132
Rôti de porc laqué au miel 160
Soufflé glacé à l'ananas 267

Anguille
Chaudrée de l'île de Ré 216

Artichaut
Artichauts aux œufs pochés 74
Papardelles aux pignons 118
Poêlée au tofu 108
Purée d'artichauts à la ciboulette 259
Verts paquets 130

Asperge
Blancs de dinde aux asperges 63
Frittatas 144
Les asperges du prieuré 187
Omelette de printemps 111
Poêlée au tofu 108

Aubergine
Caviar d'aubergines 61
Croque-mitoufle 128
Pot-au-feu de légumes 125
Raïta d'aubergine 155
Ratatouille glacée au basilic 237
Tajine de légumes farcis 172
Tian d'aubergine comme à Apt 186

Avocat
Avocats à l'orientale 102
Pamplemousse surprise 58
Puits de concombre au tofu 102
Salade aztèque 154
Symphonie d'automne 40
Tortillas au guacamole
et à la viande 145

Bacon
Breakfast salé-sucré 142
Bananes farcies créoles 133
Bananes flambées au citron vert 46
Délice mangue-banane 142
Golden tea 96
Mille-feuille de fruits 134
Minestrone de fruits exotiques 45

Bar
Bar en papillote au fenouil 66
Tartare de bar au gingembre 24

Batavia
Salade au pain perdu 104

Beaufort
Soufflé au fromage 54

Betterave
Chips de légumes fourrés 122
Gratin exotique 117
Mâchon de légumes 100
Pain de viande à la betterave 157

Bière
Moules à la bière 190

Biscuit à la cuiller
La soupe des mariages
aux cerises 225
Tiramisù aux fruits 178

Blé
Blé à la confiture d'oignons 124
Oignons farcis 114
Pilaf de blé 80
Salade de blé aux haricots 36

Blette
Poêlée de blettes à l'ail 39

Bœuf
Backehöffe alsacien 247
Boulettes orientales 156
Estouffade de bœuf aux olives 196
Fondue chinoise 162
Lamelles aux poivrons 158
Le bouilli « el bouli »
  ou hochepot 210
Riz cantonais 176
Salade aztèque 154
Steak haché à la hongroise 160
Tajine de légumes farcis 172
Tortillas au guacamole
  et à la viande 145

Boulghour
Avocats à l'orientale 102
Gratin exotique 117

Brocoli
Chips de légumes fourrés 122
Mariage à l'italienne 40
Salade de chou à l'orange 26

Cabillaud
Parmentier de cabillaud 71
Tartare de cabillaud 61

Caille
Cailles à la fondue de poireaux 204

Calamar
Calamars farcis aux poivrons
  et au riz 254
Chipirons in su tinta 211

Calvados
Le « pinton » du Cotentin 182
Noisettes d'agneau de pré-salé 197

Canard
Aiguillettes de canard
  au genièvre 29
Poêlée de canard aux ciboules 159

Cannelle
Chaud-froid de mangues
  à la cannelle 268
La soupe des mariages
  aux cerises 225
Poires au caramel 84
Poires belle Angevine,
  crème anglaise 231
Salade d'oranges à la cannelle 44

Carambole
Fraîcheur exotique 179

Cardon
Lapin de la ferme aux cardons 200

Carotte
Céleri en coque 127
Chips de légumes fourrés 122
Frittatas 144
Géline au blanc
  comme à Tours 206
Lapin de la ferme aux cardons 200
Le bouilli « el bouli »
  ou hochepot 210
Mâchon de légumes 100
Noisettes d'agneau de pré-salé 197
Papillote de sandre
  de Loire à l'oseille 213
Pot-au-feu de légumes 125
Poulette de Bresse à la vapeur 207
Risotto d'épeautre 80
Semoule aux légumes 76
Soleil levant 106
Soupe farandole 112
Tartare de légumes 101
Tijuca 98
Truite du lac à l'ancienne
  en cocotte 212

Cassis
Fraîcheur exotique 179
Gratin de poires aux cassis 226
Kir briard 234
Poires à la dijonnaise 221
Tout en rouge 138

Céleri-branche
Farcis de légumes à la polenta 115
Moules à la bière 190
Salade aztèque 154
Soupe farandole 112
Céleri au cottage cheese 75
Céleri en coque 127
Chips de légumes fourrés 122
Gratin de pommes fruits
  et de céleri-rave 128
Le bouilli « el bouli »
  ou hochepot 210

Cèpe
Pot-au-feu de légumes 125

Cerise
La soupe des mariages aux cerises	225
Pamplemousse farci	51
Soupe de cerises à la menthe	266
Tiramisù aux fruits	178
Tout en rouge	138

Céteau
Chaudrée de l'île de Ré	216

Champignon
Amuse-bouche du jardinier	92
Blanquette de saumonette	69
Carpaccio de fenouil	60
Champignons farcis au chèvre frais	23
Champignons farcis aux rillettes de la Sarthe	191
Croque à la polenta	169
Croque-mitoufle	128
Croustillants aux foies de volaille	28
Escalopes de veau normandes	202
Fondue chinoise	162
La Berguinoise	107
Les asperges du prieuré	187
Oignons farcis	114
Orge aux champignons sauvages	78
Pamplemousse surprise	58
Papillote de sandre de Loire à l'oseille	213
Salade d'épinards	41
Tartare de légumes	101
Truite du lac à l'ancienne en cocotte	212

Champignon noir
Rouleaux de printemps	150

Cheddar
Breakfast salé-sucré	142
Polenta de la Saint-Valentin	118

Chocolat
Carnaval en douceurs	136
Mousse au café	262

Chou
Céleri en coque	127
Le bouilli « el bouli » ou hochepot	210
Pot-au-feu de légumes	125
Salade de chou à l'orange	26
Terrine de légumes au gratin	110

Choucroute
Choucroute au haddock	68
Salade de choucroute aux langoustines	237

Chou-fleur
Crème de chou-fleur aux coques	25
Mâchon de légumes	100
Noisettes d'agneau de pré-salé	197
Terrine de légumes au gratin	110

Cidre
Coques du Mont-Saint-Michel	190
Kir briard	234
Le « pinton » du Cotentin	182

Citron
Bananes farcies créoles	133
Bananes flambées au citron vert	46
Carpaccio de saumon et papaye	242
Chaud-froid de mangues à la cannelle	268
Cocktail du fort Vauban	184
Curry de thon au lait de coco	163
Kéfir à la menthe	234
Mousse au citron vert	266
Salade de raie sauce citronnette	24
Salade thaï au porc et au gingembre	151
Symphonie d'automne	40
Taboulé surprise	255
Tartare de bar au gingembre	24
Tarte niçoise au citron	222
Turbot grillé - crème au citron	251

Cognac
Cocktail du fort Vauban	184
Les trois « C »	52

Cointreau
Cocktail « cadre noir »	184
Les trois « C »	52

Colin
Colin aux herbes	68

Concombre
Brochettes de dinde tandoori	30
Farcis de légumes à la polenta	115
Grenadins de veau au concombre	29
Polenta de la Saint-Valentin	118
Puits de concombre au tofu	102
Raïta aux tomates et concombre	152
Taboulé surprise	255
Tartare de bar au gingembre	24
Tartare de cabillaud	61
Tijuca	98

Congre
Congre farci à la piriacaise	214

Coque
Coques du Mont-Saint-Michel	190

Crème de chou-fleur aux coques 25

Cottage cheese
Céleri au cottage cheese 75

Courgette
Céleri en coque 127
Courgettes farcies 62
Croque-mitoufle 128
Mâchon de légumes 100
Mikado de courgettes 110
Pot-au-feu de légumes 125
Ratatouille glacée au basilic 237
Tajine de légumes farcis 172
Tartare de légumes 101

Crème de cassis
Le verre du vigneron 182
Poires à la dijonnaise 221

Crème fraîche
Aiguillettes de canard
   au genièvre 29
Aspics de saumon fumé 240
Aumônières de saumon fumé 149
Black and white au vert 121
Brouillade aux œufs
   de saumon 240
Cailles à la fondue
   de poireaux 204
Cassolettes de grenouilles
   printanières 194
Cervelle de canut 185
Congre farci à la piriacaise 214
Coques du Mont-Saint-Michel 190
Crème de chou-fleur aux coques 25
Crème de rhubarbe au kiwi 50
Effilochée d'endives 39
Escalopes de veau normandes 202
Flamiche ou « flamique »
   aux endives 192
Géline au blanc
   comme à Tours 206
Haddock poché aux pommes
   de terre 167
Mariage à l'italienne 40
Melons à la crème
   de framboises 228
Moules à la bière 190
Noisettes d'agneau de pré-salé 197
Papillote de sandre de Loire
   à l'oseille 213
Poulet aux morilles 246
Poulette de Bresse à la vapeur 207
Rollmops à la pomme verte
   et au raifort 26
Salade d'oranges aux noix 177
Sorbet minute 42

Soufflé glacé à l'ananas 267
Tagliatelles terre et mer 34
Terrine de foies de volaille 236
Turbot grillé - crème au citron 251

Crevette
Ananas farcis 170
Fondue chinoise 162
Rouleaux de printemps 150
Salade de papaye verte 22
Taboulé surprise 255

Cuisses de grenouilles
Cassolettes de grenouilles
   printanières 194

Curry
Ananas farcis 170
Curry de pommes de terre 38
Curry de thon au lait de coco 163
Pilaf de blé 80
Sole meunière au curry 72

Dinde
Blancs de dinde aux asperges 63
Brochettes de dinde tandoori 30
Filets de dinde sautés
   aux amandes 245

Dorade
Dorade aux épinards 70

Emmental
Terrine de légumes au gratin 110

Empereur
Filet d'empereur
   au pamplemousse 67

Endive
Barquettes d'endives
   aux pétoncles 242
Effilochée d'endives 39
Flamiche ou
   « flamique » aux endives 192
Gratin exotique 117
Symphonie d'automne 40

Épeautre
Risotto d'épeautre 80

Épinard
« Matefaim » aux herbes
   du jardin 185
Congre farci à la piriacaise 214
Dorade aux épinards 70
Oignons farcis 114
Papillote de sandre
   de Loire à l'oseille 213
Salade d'épinards 41

Salade toscane	103
Soleil levant	106

Fenouil
Bar en papillote au fenouil	66
Carpaccio de fenouil	60
Minute de Saint-Jacques au fenouil	58
Salade d'épinards	41

Feuille de brick
Coquilles aux abricots rôtis	262
Croustillants aux foies de volaille	28

Fèves
Pâtes printanières (pasta primavera)	174

Figue
Compote de figues	51
Pomme farcie	88
Riz mon chéri	134

Flageolet
Flageolets aux tomates	76

Flocons d'avoine
Carnaval en douceurs	136
Fleur de galette au paprika	132

Foie de volaille
Croustillants aux foies de volaille	28
Géline au blanc comme à Tours	206
Terrine de foie de volaille	236

Fraise
Breakfast salé-sucré	142
Fraîcheur exotique	179
Lily rose	97
Mille-feuille de fruits	134
Pamplemousse farci	51
Taboulé aux fruits	45

Framboise
Carpaccio de melon	42
Flan aux pommes	84
Golden tea	96
Melons à la crème de framboises	228
Profiteroles sauce Melba	270
Tiramisù aux fruits	178
Tout en rouge	138

Fromage blanc
Aumônières de saumon fumé	149
Brioches aux fruits exotiques	18
Canapés à la crème de noix	50
Cervelle de canut	185
Mangajean glacé	136
Mille-feuille de fruits	134
Salade d'oranges aux noix	177
Saumon froid à la mayonnaise verte minceur	250
Terrine de fromage aux poivrons	55
Tiramisù aux fruits	178
Tout en rouge	138

Fromage de chèvre
Champignons farcis au chèvre frais	23
Flamiche ou « flamique » aux endives	192
Petits pains au chèvre	18

Fruits de la passion
Flan à la mangue	264

Fruits rouges
Crumble aux fruits rouges	86
Salade de semoule aux fruits	85
Sorbet minute	42

Gambas
Gambas sautées au piment d'Espelette	20

Germes de soja
Rouleaux de printemps	150
Soleil levant	106
Salade d'épinards	41

Gingembre
Fondue chinoise	162
Petit déjeuner douceur	94
Salade thaï au porc et au gingembre	151
Tartare de bar au gingembre	24

Girolle
Casserole de poulet au riesling et aux girolles	203

Glace
Bananes farcies créoles	133
Coupes meringuées aux myrtilles	177
Fraîcheur exotique	179
Salade d'oranges aux noix	177

Groseille
Le verre du vigneron	182

Gruyère
Artichauts aux œufs pochés	74
Champignons farcis aux rillettes de la Sarthe	191
Gratin de potiron	126
Gratin exotique	117

Lasagnes farcies au poulet 66
Soupe au tapioca express 100

Guignolet
Cocktail « cadre noir » 184

Haddock
Choucroute au haddock 68
Haddock poché
   aux pommes de terre 167

Haricots mange-tout
Noisettes d'agneau de pré-salé 197

Haricots rouges
Salade aztèque 154
Salade de blé aux haricots 36

Haricots verts
Soupe farandole 112
Farcis de légumes à la polenta 115
Géline au blanc
   comme à Tours 206
Gratin du soleil 260
Le bouilli « el bouli »
   ou hochepot 210
Salade aztèque 154

Homard
Homard au whisky 252

Jambon
Flageolets aux tomates 76
Géline au blanc
   comme à Tours 206
Lapin de la ferme aux cardons 200
Pilpil aux lentilles 38

Jambon de pays, fumé
Poulet basquaise 208
Rôti de veau roulé
   au jambon de Parme 246
Suprêmes de pintade
   aux morilles 248

Kiwi
Brioches aux fruits exotiques 18
Crème de rhubarbe au kiwi 50
Flan à la mangue 264
Fraîcheur exotique 179
Lily rose 97
Mille-feuille de fruits 134
Minestrone de fruits exotiques 45
Pamplemousse farci 51
Taboulé aux fruits 45
Tropical 54

Lait
« Matefaim » aux herbes
   du jardin 185

Crème de chou-fleur aux coques 25
Flan à la mangue 264
Galettes de polenta aux tomates 82
Gratin de poires aux cassis 226
Haddock poché aux pommes
   de terre 167
Mousse au café 262
Petit déjeuner douceur 94
Poires Azer 132
Poires belle Angevine,
   crème anglaise 231
Profiteroles sauce Melba 270
Râpée de pommes aux épices 135

Lait de coco
Ananas farcis 170
Chaud-froid de mangues
   à la cannelle 268
Colombo de thon 164
Curry de thon au lait de coco 163
Nectar mangue-coco 148
Riz mon chéri 134
Tropical 54

Lait de soja
Délice mangue-banane 142
Fleur de galette au paprika 132

Langoustine
Langoustines flambées
   à la vanille 167
Salade de choucroute
   aux langoustines 237
Tagliatelles terre et mer 34

Lapin
Boulettes de lapin 64
Lapin de la ferme aux cardons 200
Lapin en saupiquet 198
Terrine de lapin aux herbes 236

Lardons
Estouffade de bœuf aux olives 196
Tagliatelles terre et mer 34

Lentilles
Céleri en coque 127
La Berguinoise 107
Mikado de courgettes 110
Œufs brouillés aux lentilles 36
Omelette aux lentilles 116
Pilaf de pilpil et de lentilles 120
Pilpil aux lentilles 38

Lieu
Lieu en papillote 71

Limande
Filets de limande sauce verte 33

Litchi
Cocktail méridien sud 97
Carnaval en douceurs 136
Fraîcheur exotique 179

Lotte
Bouillabaisse express 32
Tagliatelles terre et mer 34

Macaron
Compote meringuée 44

Maïs
Salade aztèque 154

Mandarine
Petit déjeuner douceur 94

Mangue
Brioches aux fruits exotiques 18
Carnaval en douceurs 136
Chaud-froid de mangues
 à la cannelle 268
Délice mangue-banane 142
Flan à la mangue 264
Mangajean glacé 136
Minestrone de fruits exotiques 45
Tropical 54

Melon
Carpaccio de melon 42
Cocktail méridien sud 97
Fraîcheur exotique 179
Granité de melon 261
Melons à la crème
 de framboises 228

Mesclun
Salade de moules à l'orange 152

Miel
Filets de dinde sautés
 aux amandes 245
Kéfir à la menthe 234
Pamplemousse rôti 83
Papillote d'ananas à la vanille 83
Rôti de porc laqué au miel 160
Salade d'oranges aux noix 177

Mimolette
Chips de légumes fourrés 122
Salade de blé aux haricots 36

Morille
Poulet aux morilles 246
Suprêmes de pintade
 aux morilles 248

Morue
Accras de morue légers 252
Morue aux olives 164

Moule
Blanquette de saumonette 69
Coquilles de moules gratinées 238
Moules à la bière 190
Salade de moules à l'orange 152

Mozzarella
Croque à la polenta 169
Pizza tomate-mozzarella 20

Mûre
Tout en rouge 138

Myrtille
Coupes meringuées
 aux myrtilles 177
Tout en rouge 138

Navet
Chips de légumes fourrés 122
Géline au blanc
 comme à Tours 206
La Berguinoise 107
Le bouilli « el bouli »
 ou hochepot 210
Navets glacés à la cassonade 259
Risotto d'épeautre 80
Semoule aux légumes 76

Noisette
Pommes de terre au beurre
 de noisettes 82

Noix
Canapés à la crème de noix 50
Papillote de poire
 aux mendiants 139
Salade d'oranges aux noix 177

Noix de cajou
Salade thaï au porc
 et au gingembre 151

Noix de Saint-Jacques
Fondue chinoise 162
Minute de Saint-Jacques
 au fenouil 58

Œuf
« Matefaim »
 aux herbes du jardin 185
Accras de morue légers 252
Artichauts aux œufs pochés 74
Brouillade aux œufs
 de saumon 240
Coupes meringuées
 aux myrtilles 177
Flamiche ou « flamique »
 aux endives 192
Flan à la mangue 264

Flan aux pommes	84
Fleur de galette au paprika	132
Frittatas	144
Gâteau de Savoie, comme au chalet	218
Gâteau mollet des Ardennes	222
La rosace	116
Les bugnes lyonnaises	219
Mangajean glacé	136
Mikado de courgettes	110
Morue aux olives	164
Mousse au café	262
Mousse au citron vert	266
Œuf en gelée aux herbes	56
Œufs à la bulgare	155
Œufs brouillés aux lentilles	36
Œufs en meurette	188
Omelette aux lentilles	116
Pets-de-nonne de Baume-les-Dames	224
Poires belle Angevine, crème anglaise	231
Profiteroles sauce Melba	270
Riz cantonais	176
Salade au pain perdu	104
Salade d'oranges aux noix	177
Saumon froid à la mayonnaise verte minceur	250
Soupe au tapioca express	100
Tarte niçoise au citron	222
Terrine de lapin aux herbes	236
Tortilla aux oignons	149
Yorkshire pudding	168

Œufs de lump
Galettes de pommes de terre au surimi	256

Œufs de saumon
Brouillade aux œufs de saumon	240

Oignon
Black and white au vert	121
Blé à la confiture d'oignons	124
Croque a la polenta	169
Estouffade de bœuf aux olives	196
Filets de dinde sautés aux amandes	245
Œufs en meurette	188
Oignons farcis	114
Omelette aux lentilles	116
Pain de viande à la betterave	157
Poulet basquaise	208
Raïta aux tomates et concombre	152
Ratatouille glacée au basilic	237
Risotto à la tomate et au parmesan	255
Salade mélangée aux oignons rouges	241
Soleil levant	106
Steak haché à la hongroise	160
Taboulé surprise	255
Tortilla aux oignons	149
Verts paquets	130
Yorkshire pudding	168

Olive
Céleri au cottage cheese	75
Escalopines de thon minute - tapenade	34
Estouffade de bœuf aux olives	196
Lapin en saupiquet	198
Morue aux olives	164

Orange
Bananes farcies créoles	133
Cocktail « cadre noir »	184
Cocktail du fort Vauban	184
Le « pinton » du Cotentin	182
Salade d'oranges à la cannelle	44
Salade d'oranges aux noix	177
Salade de chou à l'orange	26
Salade de moules à l'orange	152
Sole à l'orange	166
Soupe de cerises à la menthe	266
Taboulé aux fruits	45
Tout en rouge	138
Tropical	54

Orge
Orge aux champignons sauvages	78

Orge perlé
Soupe de pois cassés et orge perlé	22

Oseille
Papillote de sandre de Loire à l'oseille	213

Pain, biscotte, brioche
Breakfast salé-sucré	142
Brioches aux fruits exotiques	18
Cailles à la fondue de poireaux	204
Œufs en meurette	188
Pain de viande à la betterave	157
Petits pains au chèvre	18
Pétoncles comme à La Rochelle	195
Salade au pain perdu	104

Pamplemousse
Bananes farcies créoles	133

Filet d'empereur au pamplemousse	67
Pamplemousse farci	51
Pamplemousse rôti	83
Pamplemousse surprise	58
Taboulé surprise	255

Papaye
Carpaccio de saumon et papaye	242
Fraîcheur exotique	179
Salade de papaye verte	22

Pastèque
Lily rose	97

Pâte à pain, brisée, feuilletée, sablée
Bourdelots du bocage	220
Flamiche ou « flamique » aux endives	192
Pizza tomate-mozzarella	20
Tarte aux pralines	220
Tarte niçoise au citron	222
Tatin d'échalote	258

Pâtes
Casserole de poulet au riesling et aux girolles	203
Croque-mitoufle	128
Lasagnes farcies au poulet	66
Mariage à l'italienne	40
Papardelles aux pignons	118
Pâtes printanières (pasta primavera)	174
Soupe farandole	112
Tagliatelles terre et mer	34

Pêche
Cocktail méridien sud	97
Mille-feuille de fruits	134

Petits pois
Cassolettes de grenouilles printanières	194
Frittatas	144
Papardelles aux pignons	118
Riz cantonais	176
Soupe farandole	112

Petit-suisse
Amuse-bouche du jardinier	92
Breakfast salé-sucré	142

Pétoncle
Barquettes d'endives aux pétoncles	242
Pétoncles comme à La Rochelle	195

Pignons de pin
Boulettes orientales	156
Papardelles aux pignons	118

Pilpil
Pilaf de pilpil et de lentilles	120
Pilpil aux lentilles	38
Verts paquets	130

Pintade
Suprêmes de pintade aux morilles	248

Pissenlit
« Matefaim » aux herbes du jardin	185

Poire
Gratin de poires aux cassis	226
Poires à la dijonnaise	221
Poire au caramel	84
Poires Azer	132
Poires belle Angevine, crème anglaise	231

Poireau
Backehöffe alsacien	247
Bouillabaisse express	32
Cailles à la fondue de poireaux	204
Céleri en coque	127
Langoustines flambées à la vanille	167
Le bouilli « el bouli » ou hochepot	210
Papillote de sandre de Loire à l'oseille	213
Quenelles de tofu aux fines herbes	109

Pois cassés
Soupe de pois cassés et orge perlé	22

Pois gourmands
Amuse-bouche du jardinier	92
Cassolettes de grenouilles printanières	194
Pâtes printanières (pasta primavera)	174

Poivron
Avocats à l'orientale	102
Brochette d'agneau aux poivrons	63
Calamars farcis aux poivrons et au riz	254
Farcis de légumes à la polenta	115
Frittatas	144
Lamelles aux poivrons	158

Pilaf de pilpil et de lentilles 120
Poêlée de canard aux ciboules 159
Poulet basquaise 208
Salade aztèque 154
Salade mélangée
  aux oignons rouges 241
Steak haché à la hongroise 160
Tajine de légumes farcis 172
Terrine de fromage aux poivrons 55
Tomates farcies au tofu 74

Polenta
Croque à la polenta 169
Farcis de légumes à la polenta 115
Galettes de polenta aux tomates 82
Polenta de la Saint-Valentin 118

Pomme
Bourdelots du bocage 220
Compote meringuée 44
Filets de dinde sautés
  aux amandes 245
Flan aux pommes 84
Galettes de sarrasin
  aux pommes 230
Golden tea 96
Gratin de pommes fruits
  et de céleri-rave 128
Kir briard 234
Le « pinton » du Cotentin 182
Mille-feuille de fruits 134
Pamplemousse farci 51
Pilaf de blé 80
Pomme au pain d'épice 88
Pomme farcie 88
Râpée de pommes aux épices 135
Rollmops à la pomme verte
  et au raifort 26
Symphonie d'automne 40

Pomme de terre
Backehöffe alsacien 247
Chips de légumes fourrés 122
Curry de pommes de terre 38
Galettes de pommes
  de terre au surimi 256
Haddock poché
  aux pommes de terre 167
La rosace 116
Pain de viande à la betterave 157
Parmentier de cabillaud 71
Poêlée au tofu 108
Pommes de terre
  au beurre de noisettes 82
Pot-au-feu de légumes 125
Purée d'artichauts à la ciboulette 259
Saumon parmentière 248

Terrine de légumes au gratin 110

Porc
Ananas farcis 170
Le bouilli « el bouli »
  ou hochepot 210
Rôti de porc laqué au miel 160
Rouleaux de printemps 150
Salade thaï au porc
  et au gingembre 151

Potiron
Gratin de potiron 126

Poulet
Casserole de poulet
  au riesling et aux girolles 203
Courgettes farcies 62
Curry de pommes de terre 38
Fondue chinoise 162
Lasagnes farcies au poulet 66
Poulet aux morilles 246
Poulet basquaise 208
Poulet tandoori 158
Poulette de Bresse à la vapeur 207
Rouleaux de printemps 150
Géline au blanc
  comme à Tours 206

Pousse de bambou
Fondue chinoise 162

Radis
Amuse-bouche du jardinier 92
Aumônières de saumon fumé 149
Poêlée au tofu 108
Puits de concombre au tofu 102
Soleil levant 106
Tartare de légumes 101

Radis noir
Rollmops à la pomme verte
  et au raifort 26
Tijuca 98

Raie
Salade de raie sauce citronnette 24

Raifort
Rollmops à la pomme verte
  et au raifort 26

Raisin
Douceur des îles 52
Le verre du vigneron 182
Lily rose 97
Papillote de poire
  aux mendiants 139
Pomme farcie 88
Salade toscane 103

Raiteau
Chaudrée de l'île de Ré 216

Rhubarbe
Crème de rhubarbe au kiwi 50
Dessert à la rhubarbe 86
Golden tea 96
Mille-feuille de fruits 134

Rhum
Douceur des îles 52
Langoustines flambées
  à la vanille 167
Tropical 54

Ricotta
Tiramisù aux fruits 178

Riz
Ananas farcis 170
Black and white au vert 121
Calamars farcis
  aux poivrons et au riz 254
Poires Azer 132
Risotto à la tomate
  et au parmesan 255
Risotto à la truffe 260
Riz cantonais 176
Riz mon chéri 134
Tajine de légumes farcis 172

Rollmops
Rollmops à la pomme
  verte et au raifort 26

Roquette
Salade mélangée
  aux oignons rouges 241
Salade toscane 103
Verts paquets 130

Rouget
Bouillabaisse express 32
Chaudrée de l'île de Ré 216

Sandre
Papillote de sandre de Loire
  à l'oseille 213

Saumon
Carpaccio de saumon
  et papaye 242
Saumon froid à la mayonnaise
  verte minceur 250
Saumon parmentière 248

Saumon fumé
Aspics de saumon fumé 240
Aumônières de saumon fumé 149
Saumon parmentière 248

Saumonette
Blanquette de saumonette 69

Seiche
Chaudrée de l'île de Ré 216

Semoule
Mikado de courgettes 110
Salade de semoule aux fruits 85
Semoule aux légumes 76
Taboulé aux fruits 45
Taboulé surprise 255

Sole
Bouillabaisse express 32
Sole à l'orange 166
Sole meunière au curry 72

Surimi
Galettes de pommes
  de terre au surimi 256
Pamplemousse surprise 58
Taboulé surprise 255

Tapenade
Amuse-bouche du jardinier 92

Tapioca
Soupe au tapioca express 100

Thon
Colombo de thon 164
Curry de thon au lait de coco 163
Escalopines de thon
  minute - tapenade 34
Riz cantonais 176

Tofu
Gratin exotique 117
Oignons farcis 114
Omelette de printemps 111
Poêlée au tofu 108
Puits de concombre au tofu 102
Quenelles de tofu
  aux fines herbes 109
Soupe farandole 112
Terrine de légumes au gratin 110
Tomates farcies au tofu 74

Tomate
Boulettes orientales 156
Chipirons in su tinta 211
Flageolets aux tomates 76
Galettes de polenta 82
Gratin du soleil 260
Morue aux olives 164
Œufs brouillés aux lentilles 36
Pizza tomate-mozzarella 20
Polenta de la Saint-Valentin 118
Poulet basquaise 208

Raïta aux tomates
   et concombre 152
Raïta d'aubergine 155
Ratatouille glacée au basilic 237
Risotto à la tomate
   et au parmesan 255
Salade de blé aux haricots 36
Salade de papaye verte 22
Salade de raie sauce citronnette 24
Soleil levant 106
Tajine de légumes farcis 172
Tian d'aubergine comme à Apt 186
Tomates farcies au tofu 74

Tomates cerises
Céleri au cottage cheese 75
Salade de choucroute
   aux langoustines 237

Trévise
Salade mélangée
   aux oignons rouges 241
Salade toscane 103

Truffe
Risotto à la truffe 260

Truite
Truite du lac à l'ancienne
   en cocotte 212

Turbot
Turbot grillé - crème au citron 251

Vanille
Langoustines flambées
   à la vanille 167
Papillote d'ananas à la vanille 83

Veau
Backehöffe alsacien 247
Escalopes de veau normandes 202
Grenadins de veau
   au concombre 29
Pain de viande à la betterave 157
Rôti de veau roulé
   au jambon de Parme 246
Saltimbocca de veau à la sauge 32

Vin
Andouillettes
   à la moutarde de Dijon 201
Backehöffe alsacien 247
Casserole de poulet
   au riesling et aux girolles 203
Cassolettes de grenouilles
   printanières 194
Chaudrée de l'île de Ré 216
Chipirons in su tinta 211
Choucroute au haddock 68
Cocktail « cadre noir » 184
Cocktail du fort Vauban 184
Congre farci à la piriacaise 214
Coquilles de moules gratinées 238
Estouffade de bœuf aux olives 196
Fraîcheur exotique 179
La soupe des mariages
   aux cerises 224
Lapin de la ferme aux cardons 200
Lapin en saupiquet 198
Melons à la crème
   de framboises 228
Œufs en meurette 188
Papillote de sandre
   de Loire à l'oseille 213
Poires belle Angevine,
   crème anglaise 231
Poulet aux morilles 246
Risotto à la truffe 260
Salade d'oranges aux noix 177
Salade de choucroute
   aux langoustines 237
Saumon parmentière 248
Soupe de cerises à la menthe 266
Tatin d'échalote 258
Truite du lac à l'ancienne
   en cocotte 212
Verts paquets 130

Whisky
Homard au whisky 252
Mousse au café 262

Yaourt
Brochettes de dinde tandoori 30
Caviar d'aubergines 61
Chaud-froid de mangues
   à la cannelle 268
Curry de pommes de terre 38
Délice mangue-banane 142
Gratin du soleil 260
Œufs à la bulgare 155
Poulet tandoori 158
Puits de concombre au tofu 102
Raïta aux tomates
   et concombre 152
Raïta d'aubergine 155
Salade d'épinards 41
Steak haché à la hongroise 160
Yaourt glacé à la menthe 42
Yorkshire pudding 168

Index par catégorie

Accompagnement

Blé à la confiture d'oignons	124
Céleri au cottage cheese	75
Céleri en coque	127
Chips de légumes fourrés	122
Croque-mitoufle	128
Effilochée d'endives	39
Flageolets aux tomates	76
Fleur de galette au paprika	132
Galettes de polenta aux tomates	82
Gratin de pommes fruits et de céleri-rave	128
Gratin de potiron	126
Gratin du soleil	260
Mariage à l'italienne	40
Mijotée de blé aux légumes	124
Navets glacés à la cassonade	259
Orge aux champignons sauvages	78
Pilaf de blé	80
Poêlée de blettes à l'ail	39
Pommes de terre au beurre de noisettes	82
Pot-au-feu de légumes	125
Purée d'artichauts à la ciboulette	259
Risotto à la truffe	260
Risotto d'épeautre	80
Salade d'épinards	41
Semoule aux légumes	76
Symphonie d'automne	40
Tatin d'échalote	258
Verts paquets	130
Yorkshire pudding	168
Black and white au vert	121

Brunch

Breakfast salé-sucré	142
Brioches aux fruits exotiques	18
Canapés à la crème de noix	50
Crème de rhubarbe au kiwi	50
Délice mangue-banane	142
Frittatas	144
Petits pains au chèvre	18
Tortillas au guacamole et à la viande	145

Buffet

Amuse-bouche du jardinier	92

Cocktail

Cocktail « cadre noir »	184
Cocktail du fort Vauban	184
Cocktail méridien sud	97
Douceur des îles	52
Kéfir à la menthe	234
Kir briard	234
Le « pinton » du Cotentin	182
Le verre du vigneron	182
Les trois « C »	52
Lily rose	97
Nectar ananas-coco	148
Nectar mangue-coco	148
Tijuca	98
Tropical	52

Collation

Golden tea	96

Dessert

Bananes farcies créoles	133
Bananes flambées au citron vert	46
Bourdelots du bocage	220
Carnaval en douceurs	136
Carpaccio de melon	42
Chaud-froid de mangues à la cannelle	268
Compote meringuée	44
Coquilles aux abricots rôtis	262
Coupes meringuées aux myrtilles	177
Crumble aux fruits rouges	86
Dessert à la rhubarbe	86
Flan à la mangue	264
Flan aux pommes	84
Fraîcheur exotique	179
Galettes de sarrasin aux pommes	230
Gâteau de Savoie, comme au chalet	218
Gâteau mollet des Ardennes	222
Granité de melon	261
Gratin de poires aux cassis	226
La soupe des mariages aux cerises	225

Les bugnes lyonnaises ou beignets de Carême	219
Mangajean glacé	136
Melons à la crème de framboises	228
Mille-feuille de fruits	134
Minestrone de fruits exotiques	45
Mousse au café	262
Mousse au citron vert	266
Pamplemousse rôti	83
Papillote d'ananas à la vanille	83
Papillotes de poires aux mendiants	139
Pets-de-nonne de Baume-les-Dames	224
Poires à la Dijonnaise	221
Poire au caramel	84
Poires Azer	132
Poires belle Angevine, crème anglaise	231
Pomme au pain d'épice	88
Pomme farcie	88
Profiteroles sauce Melba	270
Râpée de pommes aux épices	135
Riz mon chéri	134
Salade d'oranges à la cannelle	44
Salade d'oranges aux noix	177
Salade de semoule aux fruits	85
Sorbet minute	42
Soufflé glacé à l'ananas	267
Soupe de cerises à la menthe	266
Taboulé aux fruits	45
Tarte aux pralines	220
Tarte niçoise au citron	222
Tiramisù aux fruits	178
Tout en rouge	138
Yaourt glacé à la menthe	42

Entrée

« Matefaim » aux herbes du jardin	185
Aspics de saumon fumé	240
Aumônières de saumon fumé	149
Avocats à l'orientale	102
Barquettes d'endives aux pétoncles	242
Brouillade aux œufs de saumon	240
Carpaccio de fenouil	60
Carpaccio de saumon et papaye	242
Cassolettes de grenouilles printanières	194
Caviar d'aubergines	61
Cervelle de canut	185
Champignons farcis au chèvre frais	23
Champignons farcis aux rillettes de la Sarthe	191
Coques du Mont-Saint-Michel	190
Coquilles de moules gratinées	238
Crème de chou-fleur aux coques	25
Croustillants aux foies de volaille	28
Flamiche ou « flamique » aux endives	192
Gambas sautées au piment d'Espelette	20
La Berguinoise	107
Les asperges du prieuré	187
Mâchon de légumes	100
Minute de Saint-Jacques au fenouil	58
Moules à la bière	190
Œuf en gelée aux herbes	56
Œufs à la bulgare	155
Œufs en meurette	188
Pamplemousse surprise	58
Pétoncles comme à La Rochelle	195
Pizza tomate-mozzarella	20
Puits de concombre au tofu	102
Raïta aux tomates et concombre	152
Raïta d'aubergine	155
Ratatouille glacée au basilic	237
Rollmops à la pomme verte et au raifort	26
Rouleaux de printemps	150
Salade au pain perdu	104
Salade aztèque	154
Salade de chou à l'orange	26

Salade de choucroute aux langoustines	237
Salade de moules à l'orange	152
Salade de papaye verte	22
Salade de raie sauce citronnette	24
Salade mélangée aux oignons rouges	241
Salade thaï au porc et au gingembre	151
Salade toscane	103
Soleil levant	106
Soufflé au fromage	54
Soupe au tapioca express	100
Soupe de pois cassés et orge perlé	22
Tartare de bar au gingembre	24
Tartare de cabillaud	61
Tartare de légumes	101
Terrine de foies de volaille	236
Terrine de fromage aux poivrons	55
Terrine de lapin aux herbes	236
Tian d'aubergine comme à Apt	186
Tortilla aux oignons	149

Œufs et tofu

Artichauts aux œufs pochés	74
Mikado de courgettes	110
Omelette de printemps	111
Poêlée au tofu	108
Quenelles de tofu aux fines herbes	109
Soupe farandole	112
Terrine de légumes au gratin	110
Tomates farcies au tofu	74

Petit déjeuner

Compote de figues	51
Pamplemousse farci	51
Petit déjeuner douceur	94

Plat complet

Ananas farcis	170
Croque à la polenta	169
Curry de pommes de terre	38
Farcis de légumes à la polenta	115
Galettes de pommes de terre au surimi	256
Gratin exotique	117
La rosace	116
Œufs brouillés aux lentilles	36
Oignons farcis	114
Omelette aux lentilles	116
Papardelles aux pignons	118
Pâtes printanières (pasta primavera)	174
Pilaf de pilpil et de lentilles	120
Pilpil aux lentilles	38
Polenta de la Saint-Valentin	118
Risotto à la tomate et au parmesan	255
Riz cantonais	176
Salade de blé aux haricots	36
Taboulé surprise	255
Tajine de légumes farcis	172

Poisson

Accras de morue légers	252
Bar en papillote au fenouil	66
Blanquette de saumonette	69
Bouillabaisse express	32
Calamars farcis aux poivrons et au riz	254
Chaudrée de l'île de Ré	216
Chipirons in su tinta	211
Choucroute au haddock	68
Colin aux herbes	68
Colombo de thon	164
Congre farci à la Piriacaise	214
Curry de thon au lait de coco	163
Dorade aux épinards	70
Escalopines de thon minute - tapenade	34
Filet d'empereur au pamplemousse	67
Filets de limande sauce verte	33
Fondue chinoise	162
Haddock poché aux pommes de terre	167
Homard au whisky	252
Langoustines flambées à la vanille	167
Lieu en papillote	71
Morue aux olives	164
Papillote de sandre de Loire à l'oseille	213
Parmentier de cabillaud	71
Saumon froid à la mayonnaise verte minceur	250
Saumon parmentière	248
Sole à l'orange	166
Sole meunière au curry	72
Tagliatelles terre et mer	34
Truite du lac à l'ancienne en cocotte	212
Turbot grillé - crème au citron	251

Viande

Aiguillettes de canard au genièvre	29
Andouillettes à la moutarde de Dijon	201
Backehöffe alsacien	247
Blancs de dinde aux asperges	63
Boulettes de lapin	64
Boulettes orientales	156
Brochette d'agneau aux poivrons	63
Brochettes de dinde tandoori	30
Cailles à la fondue de poireaux	204
Casserole de poulet au riesling et aux girolles	203
Courgettes farcies	62
Escalopes de veau normandes	202
Estouffade de bœuf aux olives	196
Filets de dinde sautés aux amandes	245
Fondue chinoise	162
Géline au blanc comme à Tours	206
Gigot d'agneau farci à la menthe	244
Grenadins de veau au concombre	29
Lamelles aux poivrons	158
Lapin de la ferme aux cardons	200
Lapin en saupiquet	198
Lasagnes farcies au poulet	66
Le bouilli « el bouli » ou hochepot	210
Noisettes d'agneau de pré-salé	197
Pain de viande à la betterave	157
Poêlée de canard aux ciboules	159
Poulet aux morilles	246
Poulet basquaise	208
Poulet tandoori	158
Poulette de Bresse à la vapeur	207
Rôti de porc laqué au miel	160
Rôti de veau roulé au jambon de Parme	246
Saltimbocca de veau à la sauge	32
Steak haché à la hongroise	160
Suprêmes de pintade aux morilles	248

Recettes rédigées par
Martine Barthassat, Aglaé Blin, Véronique Liégeois
Marie-Caroline Malbec, Dominique Nolin,
Régine Signorini, Jacqueline Ury

Photos et Stylisme
Philippe Exbrayat

Réalisation culinaire
Fernand Laurent

Shopping
Porcelaine Yves Deshoulières
Apilco : Le Planty, BP 8, 86300 Chauvigny (Tél. : 05 49 61 50 00)
Pages : 16, 21, 31, 35, 47, 48, 53, 57, 59, 65, 73, 77, 79, 81, 87, 89, 140, 143, 147, 153, 161, 165, 173, 175, 249, 253, 269

Gien : 18, rue de l'Arcade, 75008 Paris (Tél. : 01 42 66 52 32)
Pages : 90, 95, 119, 123, 129, 137

Porcelaine de Sologne :
32, rue de Paradis, 75010 Paris (Tél. : 01 45 23 15 86)
Pages : 232, 239, 243, 257, 263, 271

Villeroy & Boch : 21, rue Royale, 75008 Paris (Tél. : 01 42 65 81 84)
Pages : 19, 27, 37, 43, 93, 99, 105, 113, 131, 171, 180, 183, 189, 193, 199, 205, 209, 215, 217, 221, 225, 229, 235, 265

Photogravure
Typophot Studio

Direction Artistique
Priscille Neefs

Réalisation
Anne-Danielle Naname

Achevé d'imprimer en Espagne
par Gràficas Estella, S.A.
ISBN : 2-253-16581-6
Dépôt légal Éditeur : 19683 - 03 / 2002
Édition 1